Herwig G. Pucher ❖ Rosalia Soran

STERNBERG

Siegel der Grafen von Sternberg

Herwig G. Pucher ❖ Rosalia Soran

STERNBERG

EIN ORT
IM
WANDEL DER ZEIT

Mohorjeva
Hermagoras

Umschlagbild: Sternberg um 1920, Leihgabe Familie Eduard Haas.
Grafik und Design: Mario Soran

Herwig G. Pucher, Rosalia Soran, STERNBERG – ein Ort im Wandel der Zeit.
© 2002 by Herwig Pucher und Rosalia Soran
Verlag Hermagoras/Mohorjeva.
Vorsatz: Stammbaum der Heunburger.
Nachsatz: Theresianische Militärkarte – Mitte 18. Jahrhundert, Ausschnitt.
Gesamtherstellung: Druckerei Hermagoras/Mohorjeva.
Grafische Gestaltung: Mario Soran. Lektorat: Josef Markowitz.
Gedruckt mit Unterstützung des Landes Kärnten.
Alle Rechte – insbesondere das Übersetzungsrecht – vorbehalten.
Printed in Austria.

ISBN 3-85013-932-8

Kirchlein in Sternberg!

Näher dem Himmel und frei in Luft und Sonne,
stehst Kirchlein auf felsigen Kuppen du da.
Öffnest die Pforte dem Leid,
bietest Labsal der Seele in Kummer und Not.
Bestehendes Zeichen des Heiles, oh, Kreuz,
als Führer durchs Leben.
Ob blumig, ob dornig der irdische Pfad,
weithin der Ruhstatt des Friedens die einzige Heimat.
Weit in der Runde bist du gar lieblich zu schaun.
Weiß vom Gewande
gleich der Unschuld Symbol.
In Bläue des Himmels fasse dich ein,
wie den Diamant das gülden Geschmeid.

unbek. Künstlerin

Inhaltsverzeichnis

Sagen und Legenden

Vereine

Vorwort

Pfarrer,
Mag. Josef Markowitz

Vieles in unserem Leben ist dem Wandel und der Veränderung unterworfen. Es gehört einfach zum Leben dazu, dass etwas anders wird und sich verändert. Ob es zum Besseren oder Schlechteren ist, sei dahingestellt. Wenn das für einen Einzelnen gilt, dann wohl auch für eine Gemeinschaft, einen Ort oder eine Region.

Interessant wird es dann, wenn man den Versuch unternimmt, zu den Wurzeln zurückzugehen, den Weg flussaufwärts zur Quelle zu gehen.

Das vorliegende Buch ist ein Werk, das einladet, nicht nur auf die darin beschriebenen Familien und Häuser, einen Blick in die Vergangenheit zu werfen und daraus zu sehen und zu lernen, wie vieles geworden ist oder heute eben ist.

Sternberg war seit jeher ein Ort, der Menschen angezogen und geprägt hat, auch vor allem im religiösen Bereich. So ist es mehr als selbstverständlich, dass ein Interesse da war, diesen Ort und seine Bewohner genauer unter die historische Lupe zu nehmen.

Sicherlich ist es in vielen Orten und Regionen möglich, Ähnliches zu vollbringen. Aber der Sternberg war und ist etwas Besonderes, und so ist wohl auch dieses Buch entstanden, haben sich Menschen gefunden, die Quellen und Wurzeln des Ortes und deren Bewohner zu durchleuchten.

Nichts ist perfekt und endgültig, auch dieses Buch nicht. Aber die Mühen haben sich ausgezahlt, es ist wert, dass das, was erarbeitet wurde, auch gelesen wird.

Pfarrer Mag. Josef Markowitz

Einleitung

Das Gemeindegebiet von Wernberg zählt zu den kulturhistorisch und siedlungsgeschichtlich gut erforschten Teilen Mittelkärntens. Hier ist vor allem den Arbeiten namhafter Historiker große Bedeutung beizumessen. Ihre Publikationen bilden die Grundlage weiterer historischer Forschungen in diesem Gemeindegebiet.

In der heute knapp 5000 Einwohner zählenden Gemeinde mit ihren zahlreichen Ortschaften befinden sich neben zwei Burgruinen und zwei Schlössern auch acht Kirchen, von denen zumindest jene von Sternberg häufig mit einer schon in der Antike genutzten Kultstätte in Zusammenhang gebracht wird. Auch scheint die Siedlungsgeschichte zumindest ab der keltischen Landnahme im 3. Jh. v. Chr. durch Funde belegbar zu sein. An dieser Stelle ist jedoch erwähnenswert, dass wissenschaftliche Untersuchungen bisher nur bei vereinzelten Streufunden durchgeführt wurden.

Die auf einem 726 Meter hohen Kalkfelsplateau gelegene Kirche im Herzen Kärntens gilt als gerne angenommenes Ausflugsziel. Die Lage und die wunderschöne Fernsicht lockt jährlich tausende Besucher an. Der Betrachter erfreut sich hier eines Blickes, der sich vom östlich gelegenen Wörthersee bis zum westlich erhebenden Gebirgsstock des Dobratsch erstreckt. Im Südosten bilden das Rosental mit den dahinterliegenden Bergketten der Karawanken und in südwestlicher Richtung die mächtig aufsteigenden Kalkfelsgebirge der Julischen Alpen einen krönenden Abschluss. Nördlich wird das Gebiet von Sternberg durch ausgedehnte Nadelwälder begrenzt. Der geschichtsträchtige Platz wird auch häufig für Hochzeiten und Taufen in Anspruch genommen. Der umgebende Friedhof mit Aufbahrungshalle an der Nordwestseite und einem aufgelassenen Karner an der Ostseite der Kirche geben Einblicke in die jüngere Vergangenheit. Das ehemalige Schulgebäude wurde in den 80-er Jahren des vorigen Jahrhunderts renoviert und zu einem Pfarrhof umgestaltet. Ein Gasthaus mit Sitzgarten, Parkplatz und einer für festliche Aktivitäten ausgebauten Scheune runden das Bild ab.

Zu den Höhepunkten des Kirchenjahres zählen die beiden Kirchtage, von denen einer im Frühling (Georgikirchtag) und einer im Herbst abgehalten wird.

Der nun vorliegende Band soll einen Beitrag zur besseren Kenntnis der Geschichte, der Landschaft und seiner bodenständigen Bevölkerung leisten. Vielleicht dient er auch als Ansporn, die Jahrhunderte alte Siedlungs- und

Sternberg von Süden   Foto: H. Pucher

Kulturgeschichte durch berufene Stellen aus der Dunkelheit des Vergangenen zu heben.

Uns selbst war es ein Bedürfnis, den Bewohnern Sternbergs und der umliegenden Ortschaften, sowie den Gästen, die in der Gemeinde Wernberg
ihren Urlaub verbringen, einen Überblick zu verschaffen.

Die Verfasser

Vom Werden einer Landschaft

Der Blick von höheren Aussichtspunkten auf die Landschaft Mittel- bis Südkärntens gibt uns eine Vorstellung über wahrhaftige Kräfte, die in grauer Vorzeit die reliefartigen Formen geschaffen haben. Die kontrastreiche Komposition zwischen ebenen Flächen mit tiefblauen Seen und hügelig aufsteigenden Mittelgebirgen spiegelt diese landschaftsbildenden Vorgänge wieder.

Die Mittelgebirgslandschaft der Ossiacher Tauern erstreckt sich von den nordöstlich gelegenen Gemeinden Feldkirchen – Moosburg – Pörtschach gegen Westen hin bis zum 20 Kilometer entfernten Villacher Becken. Am westlichen Ausläufer findet sich als krönender Abschluss die Burg Landskron. Nördlich werden die bewaldeten Höhenzüge vom Ossiachersee und dem anschließenden Tiebelstätter-Moor begrenzt. An den nach Süden hin gemächlich abfallenden Berghängen befinden sich zahlreiche Ortschaften, die der Stadt Villach und den Gemeinden Wernberg, Velden und Pörtschach angehören.

Das Berg- und Hügelland im Großraum Villach nördlich der Drau besteht zu großen Teilen aus Gneisen unterschiedlicher Ausprägungen, die im Erdaltertum vor etwa 400 Millionen Jahren durch Abkühlung einer granitisch-vulkanischen Schmelze entstanden sind. Durch den mehrmaligen Wechsel zwischen Meeresgrund und Festland wurde es durch Druck und Temperatur modifiziert. Dieses Altkristallin wird zeitweilig von Kalk- und Marmoreinschlüssen unterbrochen, wie dies am aufgelassenen Kalksteinbruch oberhalb der Ortschaft Zauchen, der Jungfernsprung nahe der Burg Landskron oder eben die beiden Kalkstöcke, auf denen sich heute die Burg Sternberg bzw. die Kirche von Sternberg befinden.

Marmor als kristalliner Kalk, wie er im Villacher Raum häufig anzutreffen ist, fand bereits bei den Römern zur Fertigung von so genannten „Römersteinen" Verwendung.

Ein maßgeblicher Beitrag zur Bildung unserer Landschaftsformen ist den klimatisch bedingten Vergletscherungen zuzuschreiben, die über lange Zeiträume hinweg in einer ständig fließenden Ost-West-Bewegung vom Drau- bzw. Gailtal her unser Gebiet überlagerten. Der schwer vorstellbare Zeitraum von 600.000 Jahren vor unserer Zeitrechnung wird in vier Perioden von Vereisungen gegliedert, die durch unterschiedlich lange Warmzeiten unterbrochen wurden. Nachdem vor 10.000 Jahren die Eisstrommassen in unseren Gebirgstälern abgeschmolzen waren, hinterließen sie Schuttmoränen, die nach und nach von einer Vegetation überzogen wurden. Taltröge wie die des Ossiacher- oder des Wörthersees füllten sich mit dem

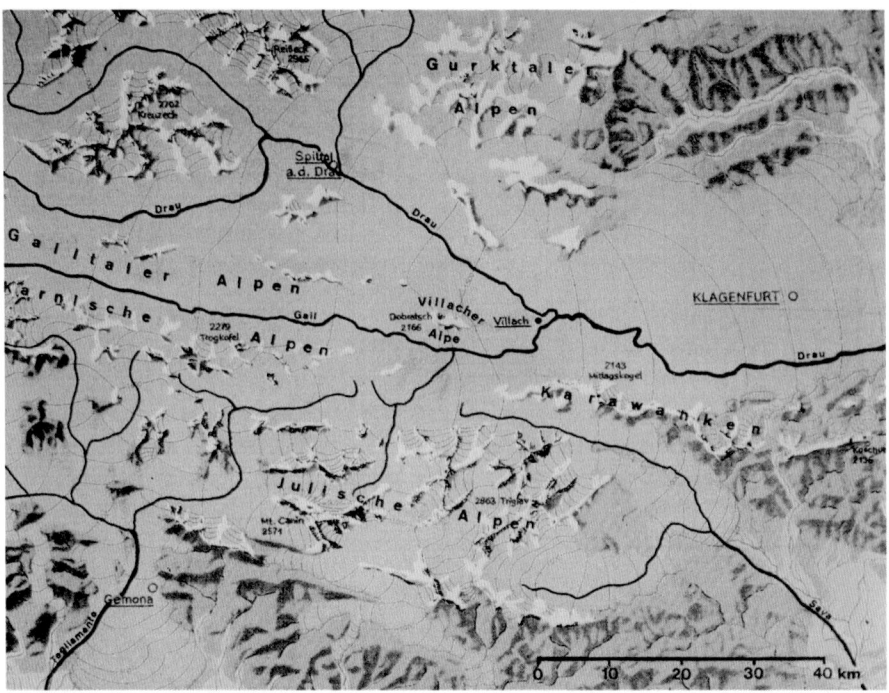

Am Höhepunkt des letzten Glazials waren weite Landstriche von mächtigen Eisstrommassen überzogen.   Grafik: Van Hussen, Universität Freiburg

Wasser des abtauenden Eises und wurden so zu großflächigen Wasseran-
sammlungen, die sich bis heute erhalten haben.

Die ebene Flur des Villacher Beckens erhielt seine heutige Form durch den
Einbruch der Gail. Bedeutende Lockermassen teilten das Tal bei Ledenitzen
östlich des Faakersees in zwei Abschnitte und verhinderten den natürlichen
Abfluss der Gail gegen das Rosental. Die Schmelzwassermengen des abtauenden Gailtalgletschers brachen bei Müllnern in das Villacher Becken ein
und lagerten Unmengen an schottrigen Material in der einstigen bis mindes-
tens 110 Meter tiefen unter dem heutigen Niveau liegenden Talung ab.

Die Mittelgebirgslandschaft der Ossiacher Tauern wurde maßgeblich von
den durchziehenden Eisstrommassen geformt. Der Höhenzug mit wellig un-
ruhig gerundetem Relief war lange Zeit von geschlossenen Eismassen überzogen, die sich bis gegen das Klagenfurter Becken hin erstreckten. Weiter
östlich bildeten sich nur noch Kargletscher und größere Tal- und Pla-
teaugletscher.

14

Ur- und Frühgeschichte

Die Besiedelung Kärntens in prähistorischer Epoche ist zum gegenwärtigen Zeitpunkt lediglich durch Funde aus der Tropfsteinhöhle in Griffen belegt. Die Datierung der Artefakte belegt einen Zeitraum von 40.000-30.000 v. Chr. und fällt somit in die letzte von vier Perioden quartärer Vereisungen.

Da uns die Hinterlassenschaften der prähistorischen Menschen (Gebrauchsgegenstände, Waffen und Ähnliches) nur wenig Aufschlüsse über die Hersteller und Benützer geben, sind wir über die Lebensweise und die Gebräuche nur mangelhaft unterrichtet. Auch ist das Wissen über die hier einst ansässigen Völker und Stämme äußerst gering.

Der Fund eines Lappenbeiles aus der Urnenfelderkultur, ab 1300 v. Chr., bildet den ältesten Fund im Gemeindegebiet von Wernberg und weist jedenfalls auf einen zeitweisen Aufenthalt von Menschen hin. In der ferneren Umgebung finden sich mehrere zeitlich gleichgestellte Funde, so z.B. am Kanzianiberg bei Finkenstein oder in der so genannten Portalhöhle bei Warmbad Villach. Sehr aufschlussreich waren die Gräberfunde aus Frög, südlich von Rosegg. Die in die Hallstattperiode (1100-400 v. Chr.) datierten Gegenstände wurden durch Zufall gefunden und sind heute im Landesmuseum Klagenfurt zu besichtigen. Es handelt sich hier um Tongefäße mit Bleiverzierungen, Bronzegegenstände, Waffen und Schmuck sowie Bleifiguren. Die Lokalisation einer dazugehörigen Siedlung konnte jedoch bis heute nicht getroffen werden.

Durch Einwanderung keltischer Stämme im dritten vorchristlichen Jahrhundert dürfte es im Südostalpenraum zu einem Wandel gekommen sein. Funde und Baureste aus dem keltischen Königreich Noricum belegen eine rege Siedlungtätigkeit, die sich über große Teile unseres Landes erstreckte. Zu Beginn des 1. nachchristlichen Jahrhunderts kam es zur friedlichen Landnahme durch römische Einwanderer. Besondere Aufmerksamkeit verdienen in diesem Zusammenhang Funde, die um und am Sternberg immer wieder zu Tage treten. In jüngster Vergangenheit wurden von Andreas Consolati am Sternberg medizinisch-kosmetische Instrumente geborgen, die wenn auch nur einen geringen Aufschluss über die damalige medizinische Versorgung geben. Es handelt sich hierbei um die Kombination von Spatel und Pinzette oder Klammer mit leicht abgewinkelten Armen und sorgfältig abgerundeten stumpfen Enden, die möglicherweise zum Einführen in Körperöffnungen bzw. Operationen, bei denen keine spitzen oder scharfkantigen Instrumente verwendet werden konnten, zum Einsatz kamen. Die zeitliche Einordnung des Streufundes wurde anhand andernorts aufgefundener und verglichener Instrumente in das 1. bis 4. nachchristliche Jahrhundert vorgenommen.

Die ältere Literatur berichtet im Zusammenhang mit dem möglicherweise am Sternberg bestandenen Junotempel: „... ein den Junonen, den segenspendenden Gottheiten geweihter Tempel, war wegen Alters eingestürzt. Ein gewisser Castritius hat ihn dann wegen eines Gelübdes wieder aufbauen lassen." Im Frühsommer 2000 wurde, nach dem Eingang zum Kirchenschiff, eine in den Fußboden eingebaute Gesteinsplatte gehoben, unter der Trockenmauerwerk

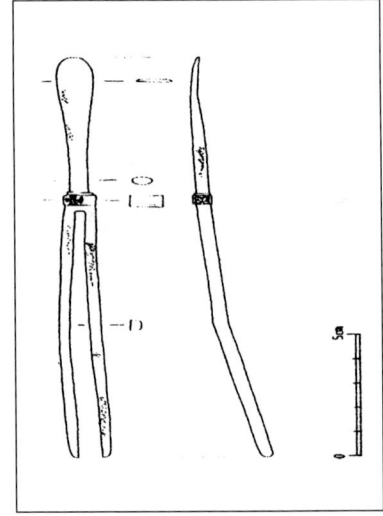

Instrumentenfund am Sternberg.
Zeichnung: K. Gostecnik

zum Vorschein kam. Ob dieses Mauerwerk zu den Grundmauerresten der oft zitierten Kultstätte gehörte, welche der Göttin *Junonia* geweiht war, bleibt ohne archäologische Untersuchung rein spekulativ. Besonders hervorzuheben seien Reste antiker Straßengeleise, die sich nordwestlich am Fuße der Burg Sternberg befinden. Die Straßengeleise sind heute nur noch an einer Stelle erkennbar und befinden sich am Rande einer neu aufgeschütteten Forststraße, die sich von der Ortschaft Sternberg, beim Anwesen Krainer, in nordöstliche Richtung gegen die Burgruine Hohenwart hinzieht.

Die verkehrsgeografisch günstige Lage Wernbergs legt nicht nur den Schluss nahe, dass es über Anbindungen an ein vor- bzw. frühchristliches Straßennetz verfügt hat. Es wird in der Literatur auch als möglicher Standort Tasinementums beschrieben. Stephan Singer bringt in seinem Buch „Kultur und Kirchengeschichte des oberen Rosentals" diesen Standort mit der Ortschaft Damtschach in Verbindung: „... der Hauptstraßenzug führte von Villach (Santicum) nach Damtschach (Tasinementi) über Kranzelhofen nach Pörtschach ..." und weiter „... von Damtschach, wo eine römische Siedlung und Pferdestation war, ging eine Straßenabzweigung nach Köstenberg ..." In der antiken Straßenkarte *Tabula Peutingerina* wird darüber erstmals berichtet. 20 Meilen (30 km) westlich von Virunum entfernt, ließe sich dieser Herbergsort, in dem auch die Pferde gewechselt werden konnten, mit Fahren-

16

Gebäudegrundrisse in einem Maisfeld nahe Kantnig. Handelt es sich hier um Tasi-
nementum?   Foto: F. Klugmayer

dorf-Lind/Sternberg lokalisieren. Tatsächlich erscheinen auf Fotografien, die
im Frühsommer 2000 von Sternberg aus in südliche Richtung aufgenommen
wurden, die Umrisse von Mauerresten, wenige hundert Meter vor der westlichen Ortstafel von Kantnig.

Verschiedenartig geformte Römersteine (Votivare) wurden unter anderem
in Gottestal in Form eines römischen Rundmedailions, in Föderlach ein In-
schriftenfragment und westlich von Lind ein Votivaltar gefunden. Die Inschrift des Letztgenannten lautet:

> *D.M.Silvia*
> *VINDILLA TE*
> *SILVIO VINDILLO*
> *TE SECUNDAE PAREN*
> *V F ET SIBI*

*Leseart: Den Göttern der Unterwelt. Silvia Bindilla setzte dieses Denkmal
lebend sich und ihren Eltern: Silvio Bindillo und Secundae.*

17

Zu Beginn der Völkerwanderungszeit, Ende des dritten bis Anfang des vierten Jahrhunderts sah sich die Bevölkerung gezwungen, ihre Siedlungen auf Anhöhen zu errichten. Auch hier findet sich in der Umgebung zumindest eine spätantike befestigte Höhensiedlung am Tscheltschnigkogel bei Warmbad Villach.

Mit der Einwanderung slawischer Stämme Ende des sechsten Jahrhunderts wird auch erstmals der Name *Carantani* genannt.

Reste einer antiken Straße nahe dem Anwesen Krainer
Foto: H. Pucher

Aufgrund des derzeitigen Fundbestandes am Sternberg, der in den überwiegenden Fällen ohne die begleitende archäologische Untersuchung geborgen wurde, ist es nicht möglich, gesicherte Aussagen zu treffen. Wenn auch die Funde wissenschaftlich bearbeitet wurden, so fehlt vielfach doch die bereits angesprochene archäologische Interpretation der Fundumstände, durch deren Aussage es erst möglich ist, genauere Zuordnungen zu treffen.

Porträtgrabstein an der östlichen Außenwand der Kirche Sternberg Foto: H. Pucher

Vom Sankt Georg

Georgius kommt von geos, Erde, und orge, bauen; und heißt soviel wie einer, der die Erde baute, dass ist: sein Fleisch. Nun schreibt Augustinus in dem Buch von der Dreifaltigkeit, dass gute Erde sich findet auf der Höhe der Berge, auf mäßigen Hügeln, auf ebenem Feld; die erste bringt gutes Gras, die zweite trägt Wein, die dritte Früchte des Feldes. Also war auch Sankt Georg auf den Höhen, da er das Niedrige verachtete, und hatte das frische Grün der Reinheit: er war mäßig in Bescheidenheit, darum ward ihm der Wein himmlischer Fröhlichkeit zu Teil.

Eine andere Interpretation seines Namens bezieht sich auf *gerar, heilig; und gyon, Kampf, und heißt heiliger Streiter, da er mit dem Drachen kämpfte und mit dem Henker.*

Der Ritter Georgius, geboren im cappadocischem Geschlecht, reiste in das Land Lybia, in die Stadt Silena. In der Nähe der Stadt lag ein See, der so groß war wie ein Meer. Darin hauste ein giftiger Drache, der die Bewohner der Stadt ständig in Angst und Schrecken versetzte.

Um den Drachen zu besänftigen, entschloss man sich, ihm täglich einen Menschen und ein Schaf zu opfern. Als das Los auf des Königs einzige Tochter fiel, wollte dieser seine Tochter retten, indem er alles Gold und Silber und das halbe Königreich für das Leben seiner Tochter hergeben wollte. Das Volk aber verlangte nach Gerechtigkeit und forderte, nachdem auch sie ihre Kinder opfern mussten, dass die Königstochter dem Drachen zum Fraß vorgeworfen wird.

Also bekleidete der König seine Tochter mit dem schönsten Gewand und entließ sie, nachdem er sie gesegnet hatte, zu jenem See.

Dort begegnete sie Sankt Georg, der ihre Tränen sah. Bekümmert über diesen Anblick, fragte er nach der Ursache ihrer Traurigkeit. Sie aber wollte ihn ermutigen, schnell von dannen zu reiten, um nicht mit ihr zu verderben. *„Fürchte dich nicht, liebe,*

Holzstatue des hl. Georg

19

Tochter, sondern sage mir, worauf du hier harrest unter den Augen alles des Volkes". Als sie ihm alles erzählt hatte, bat sie Sankt Georg neuerlich schnell davonzureiten, ehe er mit ihr untergehe. Dieser aber sprach: *"Der Herr hat mich zu euch gesendet, damit ich euch erlöse von diesem Drachen, darum glaubet an Christus und empfangt die Taufe allesamt, so will ich das Tier erschlagen"!*

Noch während sie so sprachen, steckte der Drachen sein Haupt aus dem Wasser. Sankt Georg sprang auf das Pferd, bekreuzigte sich und ritt gegen das Untier. Mit voller Wucht schleuderte er seine Lanze gegen den Drachen, so dass dieser zu Boden stürzte. Dann nahm er sein Schwert und schlug auf den Drachen ein, bis dieser verendete. Unter dem Jubelgeschrei des Volkes nahm Sankt Georg die Königstochter und ritt mit ihr in die Stadt.

Dankbar über die Rettung seiner Tochter wollte der König Sankt Georg mit Reichtümern belohnen. „Gebt alle Reichtümer den Armen", winkte er ab, „aber lasset euch taufen, damit euch das Reich Christi zuteil wird". *Es wurden an jenem Tage 20.000 Menschen getauft, die Weiber und Kinder nicht gerechnet.*

Die Kirche am Sternberg

Wie bereits erwähnt, wird mit der Nennung der Kirche von Sternberg auch ein keltisches Heiligtum in der Literatur vielfach angesprochen. Über diese, der Göttin *Junonia* geweihte Tempelanlage, soll, später die Kirche von Sternberg aufgebaut worden sein. Tatsächlich finden sich Grundmauerreste in Form von Trockenmauerwerk unter einer Gesteinsplatte nach dem Eingang zum Kirchenschiff.

Die Kirche zeigt sich jetzt im gotischen Stil des 15. Jahrhunderts, wobei sich jedoch Reste der romanischen Bauweise aus dem 13. Jahrhundert erhalten haben. Das Gotteshaus ist 20 Meter lang und 6 Meter breit. Zwischen dem Schiff, das ein Rippengewölbe trägt, und dem gotischen Presbyteri-

Sternberg um 1900. Lithografie von Franc Radul   Quelle: B. Eipper

um, welches mit fünf Seiten des Achteckes endet, erhebt sich der Turm mit Zwiebeldach. Nördlich und südlich des Kirchenschiffes ist je eine viereckige Kapelle mit Kreuzgratgewölbe angebaut. Die Vorlaube wurde 1586 errichtet. Die Sakristei dürfte nach dem großen Brand 1713 aufgebaut worden sein. Hier findet man auch die Grabplatten der Grafen von Sternberg, die in Zweitverwendung als Treppenstufen eingebaut wurden.

Seine erste urkundliche Erwähnung findet die dem heiligen Georg geweihte Kirche 1285. Als Erbauer und Stifter dürften die Grafen von Stern-

Innenansichten der
Pfarrkirche Sternberg

Taufstein   Fotos: A. Wildgruber

berg anzusehen sein, da diese auch mit der Burg Sternberg in enger Verbindung stehen.

Im Laufe seiner wechselvollen Geschichte wurde die Kirche von zahlreichen Blitzschlägen heimgesucht. Am 3. Juni 1713 schlug der Blitz gleich vier Mal in den Turm ein, wobei das Turmdach sowie der Dachstuhl des Presbyteriums dem Brand zum Opfer vielen. Bei diesem Brand wurden auch drei der vier Glocken beschädigt. Sie mussten daraufhin umgegossen werden. Die große, 2000 Kilogramm schwere Glocke wurde erst 1713 angeschafft und blieb zum Glück unbeschädigt. Das neue Geläut wurde am 12. Dezember des selben Jahres aufgezogen und seiner Bestimmung übergeben.

Kaum ein Jahrhundert später, am 17. Jänner 1806, schlug der Blitz neuerlich in den Turm und zerstörte Dachstuhl und Glocken. Die finanzielle Not zwang die Sternberger nun, sich zuerst eine Glocke vom Schloss Landskron auszuborgen, um sie dann 1854 durch Zahlung von 360 Gulden in ihr Eigentum zu übernehmen.

Drei Blitzschläge, die 1875 wieder den Kirchturm von Sternberg heimsuchten, blieben diesmal jedoch ohne größere Folgeschäden. Durch die Anbringung von Blitzableitern und Blechdeckung des Daches im darauffolgenden Jahr konnten weitere Schäden durch Blitzschläge abgewehrt werden. Mit großer Aufopferung war es der Pfarre möglich, nach und nach neue Glocken anzuschaffen.

Der erste Weltkrieg forderte drei der fünf Glocken. 1922 wurden diese durch zwei Stahlglocken ersetzt und mit großer Begeisterung der Bevölkerung am 9. Juli 1922 eingeweiht. Am 22. Juli 1934 wurden neuerlich zwei Bronzeglocken eingeweiht. Während des zweiten Weltkrieges wurden die beiden Bronzeglocken am 23. Februar 1942 vom Turm genommen und in aller Stille nach Villach gebracht. Dieser Verlust wurde am 5. Juli 1980 durch zwei neue Glocken ersetzt.

Die Kirche von Sternberg wurde aber auch des öfteren von Einbrechern und Dieben aufgesucht, aber nicht etwa zur Buße, nein zur persönlichen Bereicherung. So etwa in der Nacht des 20. Februar 1880. Bei ihrer Diebstour plünderten sie die Opferstöcke und erbeuteten auch noch die silberne Monstranz.

Am 28. Dezember 1898 versteckte sich ein Dieb während des Abendläutens in der Kirche. Mit einem Krampen öffnete er den Tabernakel sowie die Opferstöcke und erbeutete die silberne Monstranz, gemeinsam mit dem Inhalt der Opferstöcke.

Besonders zerstörerisch und heimtückisch ging man der Kirche in der Zeit des Kärntner Abwehrkampfes zu Leibe. Unbekannte brachen am 23. Juni 1919 in die Kirche ein und zerschlugen die Monstranz und andere kirchliche Gegenstände. Nachdem der Pfarrer diese sakrilegische Untat dem Militärkommando gemeldet hatte, wurde der Pfarrhof von einer Bande von 30 Leuten aufgesucht. Mit Müh und Not gelang es dem Pfarrer zu entkommen.

100.000 Kronen Schaden richtete eine Einbrecherbande am 30. März 1920 an. Durch das Fenster beim Kreuzaltar drangen sie in die Kirche ein und stahlen einen Kelch und die Goldborten der Paramente.

Beim Morgengrußläuten am 8. Mai 1920 fiel dem Pfarrmann, der für die Messnerin eingesprungen war, Lärm auf dem Sängerchor auf. Während er die Kirche versperrt hatte und zum Pfarrer eilte, zerschlugen die Einbrecher aus Zorn darüber, dass keine Gold- und Silbergegenstände in der Kirche mehr zu finden waren, das Inventar in der Sakristei. In den fünf Wochen darauf wurde der Pfarrhof 14 Mal von Diebesbanden heimgesucht. Die vom Pfarrer eingesetzte Nachtwache hatte alle Hände voll zu tun. Beim letzten Einbruch kurz nach Mitternacht kam es sogar zu einem Schusswechsel, bei dem 35 Schüsse abgefeuert, und einer der Einbrecher verletzt wurde.

Inneneinrichtung der Kirche

Der Aufsatz des Hauptaltars ist aus Holz, im Barockstil aus dem Anfang des 19. Jh. Die schöne Statue des Kirchenpatrons, des Hl. Georg, ist jünger, sie wurde 1874 durch Vermittlung des Vergolders Zernatto aus Treffen bei Villach von der Firma Insam und Prinot in Gröden/Tirol um 230 Gulden gekauft. Die Statue ist aus Holz, der Hl. Georg sitzt auf einem weißen Pferd. Dieses Kunstwerk fand auch auf der Weltausstellung 1873 in Wien seine Anerkennung. Seitlich sind die Statuen des Hl. Florian und des Hl. Sebastian, des Hl. Josef und der Hl. Barbara. Oben die Krönung Mariens.

Auf dem Seitenaltar ist die Mutter Gottes mit dem Jesuskinde. Sie ist geziert mit Akantusblatt und stammt Anfang des 18. Jhs. Der Kreuzaltar mit Muscheln ist Mitte des 18. Jhs. und trägt die Statuen der Hl. Barbara und der Hl. Luzia. Unter dem Altare die plastische Darstellung der armen Seelen im Fegefeuer.

In der Fastenzeit wird der Hochaltar mit dem Fastentuch verhüllt. Der Taufstein ist achteckig, gotisch und der Deckel trägt Malereien aus der Mitte des 15. Jahrhunderts.

Der Karner

Der Karner (= Beinhaus) befindet sich in der nordöstlichen Ecke des zur Kirche gehörenden Friedhofes. Der Bau mit quadratischem Grundriss ist mit Bruchsteinen im Mörtelverband ausgeführt, beidseitig verputzt und ohne Zwischendecke mit einem Zeltdach versehen.

Bis zum Jahr 1988 wurden hier Gebeine, hauptsächlich Schädel und Langknochen, getrennt aufbewahrt. Im Zuge der Schaffung einer Aufbahrungshalle 1988 wurden die Skelettreste dann zur endgültigen Ruhe gebettet.

In der Zeit zwischen 1995/96 wurden am Karner umfangreiche Renovierungsarbeiten durchgeführt. Bei der Trockenlegung der Fundamente wurde im Aushubmaterial eine römische Münze mit Prägeort Türkei freigelegt, die sich heute im Museum Villach befindet und einen der vielen Streufunde am Sternberg darstellt.

Karner   Foto: H. Pucher

Neben der Eingangstür an der Westseite verfügt das Gebäude über eine zweite Maueröffnung an der Südseite.

Das Beinhaus ist im inneralpinen Raum eine Form der Sekundärbestattung, wie sie in anderen Orten Europas auch in Höhlen oder Katakomben durchgeführt wurde. Die Zweitbestattung von menschlichen Gebeinen, wo ausschließlich Knochen, denen eine Erdbestattung oder eine andere Beisetzungsform vorausgegangen ist, fand bereits bei unseren Vorfahren statt und ist heute noch bei den Naturvölkern unserer Erde gegenwärtig.

Beim Sammeln der Knochen und ihrer Aufbewahrung dürfte es sich um heidnische Gebräuche handeln, die, wie auch andere, einfach von unserer Religionsform übernommen wurde. Sicherlich wurden Orte der Aufbewahrung nicht zufällig gewählt, an denen man Gebäude oder in Fels geschlagene Hohlräume schuf, sondern darauf geachtet, einen Platz zu finden, der von einer sakralen Aura umgeben ist.

Ein weiteres Brauchtum, das im Alpenraum bis in unsere Zeit herauf vertreten war, ist die Bemalung der Schädelknochen und die Beschriftung mit dem Geburts- und Sterbedatum. Als bekannteste Orte seien die Städte Salzburg und Hallstatt im Salzkammergut erwähnt, wo jedoch diese Sekundärbestattungsplätze in der jetzigen Zeit nur noch als tourismusförderndes Vergangenheitsgut einer einst weitverbreiteten Kultur zu bestaunen sind.

Das Fastentuch

Das hochrechteckige 470 x 365 Zentimeter große Fastentuch wurde 1629 vom Villacher Maler Jakob Kazner in Leimtemperamalerei geschaffen. Von 1980 bis 1983 wurde es in den Wiener Werkstätten des Bundesdenkmalamtes restauriert. Alljährlich zur Fastenzeit wird das Tuch abgerollt und vor dem Hochaltar der Kirche von Sternberg aufgehängt.

Die 24 Einzeldarstellungen beginnen mit 3 Szenen aus dem Alten Testament, welche unter anderem die bildlichen Darstellungen des Sündenfalles und der Vertreibung aus dem Paradies beinhalten.

Mit der Szene Mariä Verkündigung beginnt das Neue Testament und setzt sich mit den ikonografischen Darstellungen der Geburt sowie der Kindheit Jesu fort. Als auffallend selten gebotenes Bildthema können die drei Versu-

Fastentuch von Sternberg   Foto: H. Pucher

chungen Christi nach seinem vierzigtägigen Aufenthalt in der Wüste ange-
sehen werden. Mit dem Leidensweg Christi, der auch die Kreuzigung beinhaltet sowie mit der Auferstehung, Himmelfahrt und Pfingsten wird das ba-
rocke Werk abgeschlossen.

Burg Sternberg, Besitzverhältnisse im Wandel der Geschichte

Die beiden Kalkfelsen erheben sich rund 200 Meter über die Talsohle. Auf dem östlichen thront die Kirche von Sternberg und auf dem westlichen befinden sich die Mauerreste der Burg.

Der Straße entlang, die über Damtschach und Terlach in Richtung Sternberg führt, gelangt man zur Ortschaft Sternberg. Nach einem kurzen Anstieg führt die Straße direkt über den Sattel durch eine teilweise restaurierten Tordurchfahrt. Danach führt die Straße, dem natürlichen Gelände angepasst, in eine kleine Talung, an deren tiefstem Punkt sich zwei Abzweigungen befinden. Links geht es zur Burg hinauf. Der nach Osten hin sanft abfallende Burgfelsen wird nach den anderen Seiten von steil abfallenden Felsen begrenzt.

Vom einst nach Osten bis Süden hin weitläufigen Areal dieser Festungsanlage sind heute nur noch kümmerliche Mauerreste vorhanden.

Über einen künstlich verschütteten Burggraben gelangt man in den Innenhof. Über den verfallenen Mauern bietet sich ein herrlicher Ausblick auf den im Süden gelegenen Faakersee, das westlich angrenzende Villacher Becken und die in West-Ostrichtung streichende Mittelgebirgslandschaft der Ossiacher Tauern.

Besitzgeschichte:

Obwohl der Bau einer Burganlage viel Planungsgeschick verlangte und auch die Besoldung für Materialzulieferungen und geleistete Arbeit sicherlich schriftlichen Niederschlag gefunden hat, finden sich bei vielen solchen Burganlagen keine Belege mehr. Mangels solcher Unterlagen sind Chronisten nahezu verurteilt, über den oder die Bauherren nichts aussagen zu können. Auch im vorliegenden Fall ist es nicht anders.

In der ältesten Erwähnung einer Urkunde des Grafen Udalrich v. Heunburg aus der Zeit von 1170/80 stoßen wir in der Zeugenreihe auf Hugo et Hainricus de Sternberc. Weiters findet sich 1230 in einer Urkunde des Grafen „Wilhelmus comes senior de Hunebruch" der Name „Witmarus Conradus et Heindenricus frater suus de Sternberch".

Der Heunburger Ulricus comes de Sternberch wird erstmalig 1229 als Graf von Malta erwähnt. Das Mitglied einer mächtigen Unterkärntner Familie scheint zwischen 1237 und 1269 als Graf von Sternberg auf. In diesem Zusammenhang findet sich auch eine urkundliche Erwähnung (1269) der Besitzungen des Grafen Ulrich von Sternberg in Arnoldstein.

In finanzielle Nöte geraten, mussten sie ihre Krainer Besitzungen an die Grafen von Ortenburg verkaufen. Nachdem sich die materielle Lage dadurch nicht gebessert hatte, verkaufte Graf Walther 1304 die Sternberger Güter im Lungau und im Katschtal an den Erzbischof Konrad von Salzburg. Mit dem Erzbischof in Streit geraten, musste er sich diesem verpflichten und ihm 1307 die Feste Sternberg öffnen. Mit Zustimmung der Gräfin Katharina von Sternberg wurde die Burg 1311 von ihren Söhnen Ulrich und Walther an Herzog Heinrich von Kärnten abgetreten und zum Lehen genommen. Schließlich verkauften die beiden Brüder auch noch ihre Rechte an der Villacher Maut dem Bischof Wulfing von Bamberg und schlitterten so in eine noch tristere finanzielle Lage, worauf der letzte Sternberger Graf Walther 1329 die Burganlage mit den dazugehörigen Besitzungen an Graf Otto von Ortenburg verkaufte.

1418 starben die Ortenburger aus und hinterließen ihr reiches Erbe den kriegslustigen Grafen von Cilli, die mit der Burg von Kaiser Sigismund belehnt wurden.

Als Ulrich III. von Cilli 1456 in Belgrad ermordet wurde, entbrannte ein Streit zwischen Kaiser Friedrich III. und Johann von Görz um das mächtige Erbe, da beide mit denen von Cilli Erbverträge abgeschlossen hatten. In der Folgezeit kam es zu Kampfhandlungen, die 1457 zur Zerstörung von Sternberg und Hohenwart führten.

1468 wurde von Kaiser Friedrich III. das Gelübde eingelöst, neben einem Bistum in Wien auch einen Ritterorden zu stiften, dessen Hauptaugenmerk es sein sollte, die Einfäl-

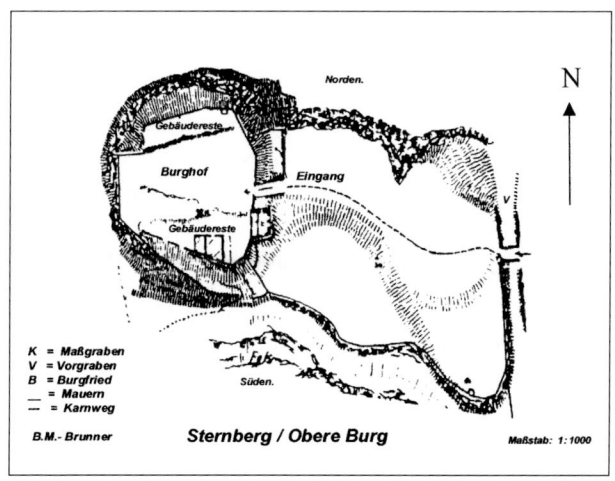

Grundriss der Burg Sternberg

29

le der Türken abzuwehren. Die Mitglieder des Sankt Georgs-Ritterordens trugen einen weißen Waffenrock mit einem roten Kreuz auf der linken Brustseite. Der Orden hatte seinen Sitz im Benediktinerstift Millstatt. Neben anderen Besitzungen in Friaul und Österreich wurden dem Orden die Burg Landskron und unter anderem auch die Pfarre Sternberg übergeben.

Zu ständigen Geldproblemen kam auch noch der Mangel an Mitgliedern hinzu, und so kam es, das der St. Georgs-Ritterorden den einfallenden Türkenhorden wenig entgegenzusetzen hatte. Nach dem Tod des letzten Großmeisters Prantner wurde der Orden aufgelöst.

1545 wurden die beiden verödeten Wehranlagen an Bernhard Khevenhüller verkauft. Die Methoden der Gegenreformation führten zur Auswanderung des zum protestantischen Glauben übergetretenen Johann Khevenhüller, der als letzter Erbe aller mit Landskron verbundenen Besitzungen aufscheint. Im Heer des Schwedenkönigs Gustav Adolf diente Johann Khevenhüller als Offizier und wurde bei Nürnberg am 4. August 1632 tödlich verwundet. Bereits 1628 hatte Graf Siegmund Ludwig, der Besitzer von Schloss Hollenburg, die Güter Landskron, Finkenstein und Velden erworben.

Zwischenzeitlich wechselte die Burganlage noch einige Male die Besitzer, ehe sie 1938 von Eberhard Hippel erstanden wurde. Die einst mächtigen Mauern des Bergfrieds blieben in Erdgeschoßhöhe erhalten und bilden heute den Unterbau eines Wohnhauses. Zu erwähnen ist in diesem Zusammenhang noch die Zisterne, welche den Bewohnern heute noch als Wasserspeicher dient.

Niederburg

Südlich des steil abfallenden Burgfelsens befinden sich die Mauerreste der rund 50 Meter tiefer gelegenen Niederburg. Dieser Teil der Festungsanlage war durch Wehr- und Schutzbauten mit der oberen Burg verbunden. Die durch eine befestigte Tordurchfahrt unterbrochene Sperrmauer zieht sich vom Süden in nördlicher Richtung gegen den Hang.

Den südlichen Teil bildete eine erhöhte Bastion mit Wehrgängen, die am westlichsten Punkt von einem festem Eckturm flankiert wurde.

Im Innenteil der Ringmauer befand sich neben Wirtschaftsgebäuden mit Stallungen auch ein Wohntrakt.

Der Straße in östlicher Richtung folgend gelangt man zwischen den Burg- und Kirchenhügel zum so genannten Letternigteich. Er befindet sich eben-

Ritter vor der Burg Stern-
berg
Quelle: Khevenhüller-
Chronik aus dem Jahr 1570

falls innerhalb der Befestigungsmauer und hatte im Mittelalter wichtige Aufgaben zu erfüllen. Einerseits diente er als Wasserspeicher für Viehtränke und
zum Löschen von Feuer, andererseits wurde das Gewässer als Fischteich ge-
nutzt. Der Abfluss war ein Bach im Osten der Niederburg, dessen Wasser
gleichzeitig als Antrieb von Mühlrädern diente.

Bei den Vergeltungsmaßnahmen von 1457 ist neben der oberen Burg auch
die Niederburg niedergebrannt und zerstört worden.

In den 80-er Jahren des vorigen Jahrhunderts begann der Elektrotechniker
Friedrich Bartos mit Sanierungsarbeiten, bei denen er einen Teil der Tordurchfahrt wieder errichtete.

Auf dem Areal der einstigen Niederburg, die zu seinem Anwesen (vlg. Gräfitsch) gehört, wollte er eine in die Burg integrierte Appartementanlage errichten. Gegen Ende der 80-er Jahre scheiterten diese Bemühungen.

31

Burgruine Hohenwart (Schwarzes Schloss)

Die Burgruine befindet sich auf einer Anhöhe zwischen Sternberg und Köstenberg. Der weithin sichtbare Hügel liegt heute inmitten ausgedehnter Nadelwälder.

Der Zugang erfolgt am besten entlang der alten Straße, die von Damtschach-Stallhofen in Richtung Köstenberg führt. Gleich neben dem Anwesen Forsthaus Hippl zweigt rechter Hand ein Holzbringungsweg ab, der in weiterer Folge sehr nahe an den Resten der einst wehrhaften Festung vorbeiführt.

Der Name Hohenwart dürfte auf den herzoglichen Ministeriale *Otaker de Hohenwart,* der 1154 in diesem Zusammenhang genannt wird, zurückzuführen sein. Die im Volksmund bekanntere Bezeichnung *Schwarzes Schloss* dürfte seinen Ursprung in der üppigen Vegetation haben, die seit Jahrhun-

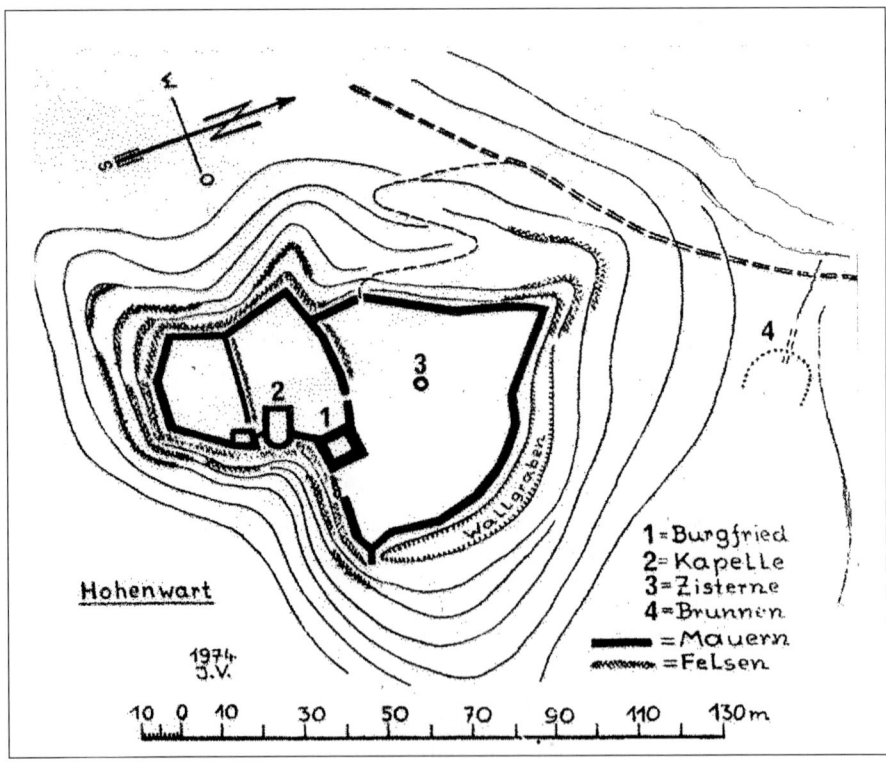

Grundriss der Burg Hohenwart nach J. Viertler 1974

derten die Mauerreste umgibt. Auch könnte ein möglicher Brand, der in der Literatur jedoch nirgends aufscheint, zur Namengebung geführt haben.

Dieses Schloss ist die älteste Feste der weiten Umgebung. Sie war an der Ostseite von einem Graben umgeben, während die anderen Seiten steil abfallende Felsen sicherten.

Die umfangreiche Anlage in romanischem und gotischem Stil mit drei hintereinander angelegten Höfen war von einer Ringmauer umgeben. Der quadratische frühgotische Bergfried war in die äußere Burgmauer integriert. Wehrmauern, Wohnhöfe, sowie Reste einer gotischen Doppelkapelle aus dem 14. Jh. sind erhalten.

Bei der Wassersuche im Jahre 1974 stieß man eher zufällig auf eine künstlich errichtete, mit Rundhölzern abgedeckte Bodenvertiefung nahe der Burgruine. Bei näheren Untersuchungen dieser Anlage stellte man fest, dass diese Quellfassung mit dazugehöriger Wasserleitung einst den Burginsassen zur Trinkwasserversorgung gedient hatte. Im Zuge der Untersuchungen konnte auch im äußersten Burghof die Zisterne gefunden werden, in der das Regenwasser für das Vieh gesammelt wurde.

Bei den während der Freilegung entdeckten Keramikfragmenten handelt es sich vorwiegend um Stücke von großen Gefäßen, die teilweise Henkel trugen.

Aus der Geschichte

Pilgrim von Pozzuolo bei Udine (1126 erstmals urkundlich nachweisbar) schenkte zwischen 1144 und 1149 diese Burg und die Herrschaft dem *Herzog Heinrich V. von Kärnten.* Dieser starb unerwartet, als er von Venedig nach Aquilea fuhr, und das Schiff am Isonzofluss kenterte. Erst nach 10 Tagen fanden Fischer seinen Leichnam, der in St. Paul begraben wurde. Sein Bruder *Hermann,* der vom Kaiser zum Herzog ernannt wurde, stiftete den Besitz im Mai 1162 dem *Gurker Bischof Roman I..* Die Gurker Bischöfe blieben bis 1355 Lehnsherren auf Hohenwart. Als nachfolgende Besitzer finden sich der Reihe nach die *Lilienberge, die Herren von Kraig* und 1401 *Christoph Harrenpäckh.* Der Großmeister des St.Georgs-Ritterordens, *Geuman vom Christoph Kirchenfeind,* erwarb 1515 Gericht und Besitz. Nach Auflösung des St. Georg-Ritterordens, fällt Hohenwart an *Kaiser Friedrich III.,* der im Jahre 1545 Hohenwart und Sternberg *Bernhard Khevenhüller* verkaufte, aber wieder zurückhielt, als Hans Khevenhüller in das Lager des Gustav

Adolf eintrat und gegen den Kaiser kämpfte. 1639 ging der Besitz an jene von *Dietrichstein,* in deren Händen er mit Sternberg, Landskron, Velden und Finkenstein bis 1913 vereint blieb, ehe er an *Maresch-Wittgenstein* käuflich überging. Zwischenzeitlich findet sich in der Reihe der Besitzer noch *die Herrschaft Hollenburg.* Die Firma Feltrinelli Drauland erwarb den erheblichen Forstbesitz rund um Hohenwart und holzte diesen während der Zwischenkriegszeit gänzlich ab. 1938 ging Hohenwart in den Besitz der Familien *Hippl* und *Brandner* über.

Reste der Niederburg, 1990
Foto: F. Soran

Khevenhüller-Chronik,
Burg Hohenwart, 1570

Turm von Hohenwart
Foto: H. Pucher

Stock und Galgen
zur Gerichtsbarkeit am Sternberg

Das Gericht Sternberg selbst kommt erst in einer Urkunde von 1448 vor, in der von Gütern zu Selpritsch im Gericht Sternberg gesprochen wird. Wahrscheinlich gehörte auch das Landgericht Velden im 15. Jahrhundert zum Sternberger Gericht, da dieses bis zur Drau reichte. In Velden selbst ist der Blutbann erst für 1639 nachweisbar.

Es ist bekannt, dass die Grafen von Cilli auch über das Recht, die Blutgerichtsbarkeit auszuüben, verfügten. Zusätzlich war ihnen auch das Münzrecht verliehen.

Bis zum Kauf der Herrschaft durch Bernhard Khevenhüller im Jahre 1545 war Sternberg im Besitz der Gerichtsbarkeit durch Stock und Galgen, ehe es in die Herrschaft Landskron einverleibt wurde.

Als westliche Begrenzung der Gerichtsbarkeit scheint *ain dorf zu Kaltschach* auf. Von dort in nördliche Richtung *auf ein creutz, das auf der Vrplaten steeht* (es könnte das Marterl auf dem so genannten Radenighügel gemeint sein). Weiter beinhaltet diese Gerichtsgrenze die Ortschaft Damtschach und Teile jener von Stallhofen. Von dort zieht sich die Grenze nordöstlich Richtung Winklern, *von der gemain auf das Valtein Rebnick zu Winckhlern mül* und *Kestenperg.* In der Umgebung von Köstenberg ist ein Stein beschrieben, wo die drei Gerichtsgrenzen von Ossiach, Tiffen und Sternberg zusammenlaufen. *Von demselbigen stain auf die creutzpuechen, die auch schaid Tifener u. Leonstain gericht.* Der weitere Grenzverlauf führt gegen die Ortschaft *Dreschitz,* wobei *das dorf Drechitz mit sambt der kirchen Sanct Gilgen nicht in das gericht Sternberg* gehört. Ein weiterer *stain hinder Kersdorf,* beschreibt die Gerichtsgrenzen zu *Leonstain* und *Landtscronn.* Von dort in südlicher Richtung nach *Kraantlhouen* (Kranzelhofen), *von dem rigl schremb ab auf den Scheisl an der Gedölnitzen,* und weiter *herein auf den Kotzmann maurer.* In südwestlicher Richtung *herauf bis an das creutz an der undern grossen landstrasse* (vermutlich handelt es sich hier um das Marterl bei der Straßenkreuzung Richtung Bach nahe Lind ob Velden). Entlang dieser Straße *geet es wider auf das obbmelt dorf Kaltschach.*

Trotz der genauen Beschreibung des Grenzverlaufes erscheint uns heute vieles nicht mehr verständlich.

Der Standort des Galgens wurde im Volksmund häufig mit dem Gelände, auf dem sich die Niederburg befindet, in Zusammenhang gebracht. Tatsächlich finden sich auf einer Militärkarte, aus der Mitte des 18. Jhs., Hinweise, die diesen Standort (Anwesen Bartos vlg. Gräfitsch) als möglich erachten lassen.

Zur Errichtung der Galgen wurden überwiegend Punkte gewählt, die weithin sichtbar waren. Diese Sichtbarkeit hat im Spätmittelalter auch der *Abschreckung von Missetätern und fahrendem Volk* gedient. Als besonders geeignet galten auch Plätze, die nahe einer stark frequentierten Straße (Heerstraße) oder einer Weggabelung lagen.

Im Mittelalter wird das Hängen –, im Gegensatz zum Köpfen –, zur Strafe der Ehrlosen. Damit wurde diese Stätte, die nach Norden ausgerichtet war, zu einer anrüchigen Stätte. Adelige waren grundsätzlich vom Tod durch den Strang ausgeschlossen.

Da die Vorstellung von der ehrenkränkenden Wirkung des Galgens im Spätmittelalter dermaßen überhand gewonnen hatte, fanden sich keine Handwerker, die freiwillig zur Errichtung oder Ausbesserung eines Galgens bereit gewesen wären. Daher wurden alle Handwerker des Gerichtsbezirkes versammelt, und im Beisein des Richters der Bau in Angriff genommen. Der Richter hatte dabei die Aufgabe, den ersten Stein für den Unterbau zu reichen, oder er *behieb* mit dem ersten Schlag das zum Galgen bestimmte Holz. War die Errichtung abgeschlossen, wurden alle Beteiligten anschließend für ehrlich erklärt, und ein ausgiebiges Mahl sollte die ehrliche Gemeinschaft neu stiften.

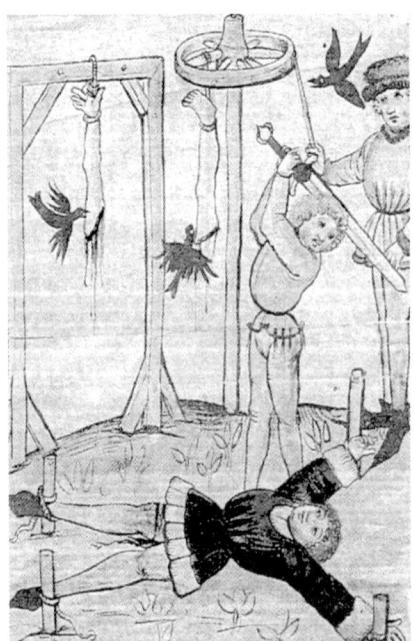

Zur Tätigkeit des Freimannes (Henkers)

Quelle: Kärntner Landesarchiv

Über die Tätigkeit und Besoldung des Freimannes (Henker) lesen wir in einer Aufstellung *Ordnung und Instruktion 1585:* als jährliche Besoldung erhielt er 78 Gulden. Für Nasen- Ohrenabschneiden und Augenausstechen gab es je 50 Kreuzer. Für Zwicken mit glühenden Zangen oder zu Tode schleifen je 2 Kreuzer. Für das Henken gab es 45 Kreuzer, dazu für Handschuhe und Stricke 15 Kreuzer und für das Aufheben der Leiter 33 Kreuzer. Macht zusammen 1 Gulden und 33 Kreuzer. Wesentlich lukrativer muss da schon das Verbrennen eines Selbstmörders gewesen sein, für das er immerhin sechs bis sieben Gulden und das Holz erhielt. Hingegen bekam er für das Vierteilen, Rädern, Spießen oder Brennen 2 Gulden.

Darstellung des Bergbaus um und am Sternberg

Kärntens Reichtum an Erzen und Mineralien zieht sich wie ein roter Faden durch die Geschichte dieses Landes. Sei es nun der Goldbergbau im Pöllatal in den Hohen Tauern, die Blei- und Zinklagerstätten bei Bad Bleiberg, die Eisenerzvorkommen in der Umgebung von Hüttenberg oder die mageren Silbervorkommen in den Ossiacher Tauern, um nur einige aus der großen Zahl der ehemaligen einst vorhandenen Bergbauten herauszunehmen. Die unterschiedlichen Metalle haben im Fluss der Zeit Menschen dazu animiert, nach ihnen zu suchen und zu schürfen, um daraus Waffen, Werkzeuge, Gebrauchsgegenstände oder Schmuckstücke zu fertigen.

Wie bereits eingangs erwähnt, ist die Geschichte des heutigen Kärntens eng mit der des Bergbaus verbunden.

In der Umgebung von Villach finden sich zahlreiche Stollen, in denen bis herauf in unsere Zeit verschiedene Erze im Untertagbau abgebaut wurden. Das wohl bekannteste Bergbaugebiet im Bezirk Villach befand sich im Bleiberger Tal, in dem man noch bis gegen Ende des vorigen Jahrhunderts nach Blei und Zink schürfte.

Das Wort *Metall* stammt von einem griechischen Ausdruck ab, der soviel wie „*nach etwas suchen*" bedeutet. Bis etwa 4.000 v. Chr. wurden Werkzeuge und Waffen aus Stein, Holz oder Knochen hergestellt. Mit der Metallurgie (das Ausschmelzen von Metall aus Erz) tritt der Mensch aus der Steinzeit heraus und in eine neue Epoche ein.

Der Rohstoff für die reiche Hinterlassenschaft an Metallgegenständen, deren Verwendung in der Jungsteinzeit ansetzt, ist sicherlich nicht ausschließlich auf dem Handelsweg zu uns gelangt. Bereits die bekannten Bleifiguren aus dem Gräberfeld von Frög bei Rosegg bilden einen Hinweis auf unsere eigenen Bodenschätze. Wenn auch die Herkunft des Rohstoffes gegenwärtig nicht ganz geklärt ist, ob sie den Bleivorkommen des Rudnikberges oder unserem Villacher Bleiberg entstammen. Die Auffindung eines römischen Inschriftensteines in Heiligengeist bei Villach bildet ein wichtiges Indiz für die bisher angezweifelte römerzeitliche Nutzung des Bleiberger Bergbaues.

Die erste urkundliche Erwähnung 1311 und zahlreiche Nennungen seit 1333 belegen eine Organisation und Nutzung des „Villacher Bleiberges" durch bambergische Verwaltung.

Am Höhepunkt des Kärntner Bergbaus im 16. Jahrhundert wurde damit begonnen, in der Gegend um Landskron silberhältiges Bleierz zu schürfen. Damals waren es hauptsächlich die Fugger, die an diesen Unternehmungen beteiligt erscheinen. Die Namen einer doch beträchtlichen Anzahl an Stollen haben sich bis heute erhalten und lauten: *zum Vogelsang; zum Hizenknebel; St. Jakob unterm Brunn; St. Jörg und St. Ruprecht; zu den Siebenschläfern; St. Johann; St. Katharina am Brünndl; zum Ortner; zum Fuggerbau; St. Marx; zum Abraham; zur Weinreben; zum Neuen Jahr ob der Kirchen; zu der Auffahrt; am Rudolf; Allfreiden ob dem Rudolf; St. Mathäus im Sonnblick; St. Jörgen Türggenfelderin, St. Michael Morgenstern; Simon und Juda.* Die Produktionsmengen an Silber zeigen 1560 8,4-25,3 Kilogramm pro Jahr an. Die Gesamtmenge der Silberproduktion in Kärnten betrug damals nur etwa 800 Kilogramm.

Nicht nur außerhalb Wernbergs finden sich zahlreiche Spuren einer einst regen Bergbautätigkeit. Nahe der Ortschaft Ragain können heute noch die zum Teil gut erhaltenen Stollen aufgesucht werden, in denen einst nach Blei- und Silbererzen geschürft wurde. Ihre Ergiebigkeit dürfte jedoch nicht sonderlich groß gewesen sein. Weitere Spuren der einst zahlreich vorhandener Untertagbauten sind auch nahe der Ortschaft Sakoparnig, jedoch aus jüngerer Epoche, ersichtlich. Der Einsatz von Schwarzpulver erlaubt eine zeitliche Eingrenzung insofern, dass dieser Teil des Bergbaus nicht vor Ende des 17. Jahrhunderts vorangetrieben wurde.

Günter Krainer vor dem Stolleneingang auf seinem Grundstück   Foto: R. Soran

Ein weiterer Stollen, der gegen Ende des 17. bis Mitte des 18. Jahrhunderts angelegt wurde, konnte in jüngster Vergangenheit freigelegt werden. Im Zuge von Umbauarbeiten beim Anwesen Krainer vlg. Schmied stieß man bei Erdarbeiten südlich der Straße, die auf den Sternberg führt, direkt neben der östlichen Seite eines Bachlaufes, auf das Eingangsportal. Der anfangs unförmige 60 Zentimeter hohe und 100 Zentimeter breite Eingang mündet nach wenigen Metern in einen Stollen von 180 Zentimeter Höhe sowie 110 Zentimeter Breite, dessen Bodenbereich fast auf die ganze Länge unter einer seichten Wasserlache liegt. Im waagrecht angelegten Deckenbereich finden sich Ansätze von Sinterbildung. Der Stollen verläuft fast völlig geradlinig etwa 20 Meter nach Norden, ehe er dann abrupt endet und keine Anzeichen eines Versturzes erkennen lässt. Hier ist im Deckenbereich der Rest einer Bohrlochpfeife ersichtlich.

Etwa 40 Höhenmeter darunter kann man in südlicher Richtung vor Erreichen des ersten Hauses, die Stolleneinbruchbinge eines weiteren Stollens erkennen. Der ebenfalls am linken östlichen Bachrand angelegte Stollen dürfte wie auch der obere dem Abbau von Eisenerzen gedient haben und kaum ertragreich gewesen sein. Den Hinweis auf Eisenerz lieferten limonitische Ausblühungen im Eingangsbereich.

Obwohl zum gegenwärtigen Zeitpunkt rein spekulativ, kann nicht ausgeschlossen werden, dass in der Schmiede, die sich östlich anschließend befunden hat, Werkzeuge für den Untertagabbau immer wieder erneuert bzw. instand gesetzt wurden.

Kalköfen

Eine weitverbreitete Form des Bergbaus ist der Abbau von Kalk- und Marmorgestein. Marmor als kristalliner Kalk entsteht, wenn in reinen Kalkvorkommen Kalkspat zu Marmor kristallisiert. Marmor fand bereits in der Antike zur Schaffung von Grabplatten, Inschriftensteinen, Personenreliefs, Statuen, als tragende Säulen eines Bauwerkes usw. Verwendung. Meistens stammte er aus Steinbrüchen der Umgebung.

Die Kalksteinvorkommen rund um Villach lieferten aber auch andere Rohstoffe, die bis in unsere Zeit herauf Verwendung finden. Pulver für die Pharmaindustrie, Kies als Beimengung zu Strukturputzen oder einfach gebrannter und dann gelöschter Kalk als Grundstoff im Bauwesen.

Das Verarbeiten von Steinen im Mörtelverband ist eine Arbeitsweise, die von den Römern in unser Land gebracht wurde. Vorher erstellte man Trockenmauerwerke als Fundament zum Aufbau von Holzbauten. Um Kalk als Bindemittel im Mörtel benutzen zu können, bedarf es aufwendiger Verarbeitung.

Kalkstein wurde aus Felswänden herausgebrochen und in der näheren Umgebung eines Kalksteinbruches weiterbearbeitet.

Im Boden wurden runde Vertiefungen ausgehoben und mit einem Mauerwerk umgeben, das je nach Größe und Nutzungsdauer des Ofens mehr als zwei Meter Höhe erreichen konnte. In dieses zylinderförmige „Gebäude" (Kalkofen) wurden Holz und Steine in Schichtenlagen übereinandergehäuft. Danach wurde das Holz entzündet und brannte zwei bis drei Tage. Nach dem Brennen wurden die Kalksteine von der Asche gereinigt und zu den jeweiligen Baustellen transportiert. Dort waren Kalkgruben vorhanden, in die man die gebrannten Kalksteine hineinschüttete und mit Wasser übergoss (Kalklöschen). Durch die chemische Reaktion zersetzte sich das Gestein zu einer weißen, cremefarbigen Masse (Sumpfkalk), die im feuchten Zustand herausgestochen und dann mit Sand und Wasser vermengt als Bindemittel zu Mörtel verarbeitet wurde. Sumpfkalk als Wandanstrich konnte mit in der Natur vorkommenden Farbsubstanzen vermischt werden.

Mit dem Kalkbrennen schuf sich die ländliche Bevölkerung eine zusätzliche Verdienstquelle und konnte so gleichzeitig den Eigengebrauch abdecken.

Zwei Kalköfen, die noch einwandfrei als solche erkannt werden können, befinden sich am östlichen Fuße des Kirchenhügels, links neben dem Weg, der von Sternberg in Richtung Draboßenig führt. Der Kalkstein wurde 200 Meter entlang dieses Weges rechter Hand aus der senkrecht aufsteigenden Felswand gebrochen.

Auch östlich des Wazenighofes befindet sich ein Kalksteinbruch und verfallener, jedoch noch leicht als solcher erkenntlicher, Kalkbrennofen. Gegen Ende der 60-er Jahre des vergangenen Jahrhunderts wurde dort von der Fa. Kaltenbacher Kalkstein gebrochen der zu pharmazeutischen Produkten und Farben verarbeitet wurde.

Je nach Alter bzw. Nutzungsdauer solcher Brennöfen sind die Standorte meist nur noch durch Vertiefungen im Boden erkennbar. Die Mulden sind von einem ringförmigen Erdhügel mit 4-8 Metern Durchmesser umgeben und werden fälschlich gerne als Bombentrichter oder Kohlenmeiler interpretiert, ohne deren wichtige Aufgabe zu erkennen.

Die Schule am Sternberg

Schon in der Zeit zwischen dem 12. und 13. Jahrhundert hatten sich die Bürger in Westeuropa mit dem ursprünglich kirchlichen Schulmonopol gleichgestellt. Dem aufstrebenden Kaufmanns- und Handwerkerstand genügte das kirchliche Schulwesen nicht mehr, das lediglich zur Bildung klerikal nahestehender Kreise ausgerichtet war.

Die Quellenbelege zur Schulgeschichte Kärntens sind weit verstreut und zum Teil verloren gegangen, weshalb es nur in mühevoller Sucharbeit möglich ist, über Umwegen schriftliche Belege aufzufinden. Deshalb ist auch das Bildungswesen ein überwiegend unerforschter Teil der Landesgeschichte.

Dass der Nachweis über ein voll entwickeltes Schulwesen in Villach im ausgehenden Mittelalter erbracht werden konnte, ist vor allem der Arbeit Wilhelm Neumanns zu verdanken. Seine Studie über Villachs Studenten in deutschen Universitäten, die den Zeitraum zwischen 1377 und 1518 beleuchtet, fand nicht weniger als 135 Universitätshörer aus Villach, wodurch sich, wenn auch urkundlich nicht mehr belegbar, der Beweis erbringen lässt, *dass die Stadt im Spätmittelalter über ein vollentwickeltes Schulwesen und eine leistungsfähige Lateinschule verfügt haben muss.* Dass es jedoch nicht nur bessergestellten Bürgerkindern des städtischen Bereiches möglich war, schulische Ausbildung zu erlangen, zeigt die Herkunft eines Studenten aus der Teichen zwischen Arriach und Himmelberg. Auch im Ehrungsprotokoll Landskron 1753-1769 findet sich ein Eintrag, vergl. dazu *Lesjak S. 52 (Philipp „studiert in Salzburg")*.

Der Erlass des Trivialschulwesens durch Kaiserin Maria Theresia erfolgte am 6. Dezember 1774. War es bisher nur gut Betuchten möglich, ihre Kinder in die Schulen nach Villach oder Klagenfurt zu schicken, war von nun an wenigstens die Möglichkeit gegeben, auch die mittellosen Bevölkerungsschichten in die „hohe Kunst" des Lesens, Schreibens und Rechnens einzuführen. Wenn auch die Bereitschaft der Erwachsenen, ihre Kinder in die Schule zu schicken, anfänglich nicht gerade übermäßig war, breitete sich doch die Gewohnheit des täglichen Schulbesuches in der breiten Bevölkerungsmasse aus.

Im Jahre 1799 wurde Andreas Sereinig zum Pfarrer von Sternberg ernannt und eröffnete kurz darauf die Schule am Sternberg. Durch seine vorangegangene Tätigkeit als Kaplan und Lehrer in Maria Saal konnte er seine Erfahrungen aus schulischer Sicht in die nun zu betreuende Pfarrgemeinde einfließen lassen. Bei seiner Ernennung als Schuldistriktsaufseher im Dekanat

Oberrosental im Jahre 1806 berief er sich auf seine Schulpraxis, als man die Vorlage der Zeugnisse von ihm verlangte. Da jedoch zu wenig einzuschulende Ortschaften vorhanden waren und ein geregelter Schulbetrieb nur mit finanzieller Unterstützung durch den Staat gewährleistet werden konnte, wurde die Lehrtätigkeit lediglich in Form einer Notschule abgehalten. Nach seinem Tode im Jahre 1827 scheint der Schulbetrieb zwar fortgesetzt worden zu sein, eine namentliche Nennung des Lehrpersonals und eine genaue zeitliche Einordnung der Tätigkeit ist aber aufgrund fehlender Unterlagen nicht möglich.

1830 wurde Josef Schöffmann, Lehrer, Organist und Messner in Sternberg. Schöffmann der im Mai 1806 in Ragain vlg. Teppler geboren wurde, unterrichtete zuvor als Privatlehrer in *Tamtschach*.

Ab Anfang der Vierzigerjahre bis 1847 scheint als Lehrer Philipp Lustok auf, der von Anton Nagele abgelöst wurde. Aufgrund der Geisteskrankheit Nageles wurde der Schulunterricht am Sternberg jedoch noch im selben Jahr eingestellt und mit jenem in Damtschach vereinigt. Während dieser Zeit wurden dann und wann in den Wintermonaten Privatunterrichtsstunden durch den Pfarrer Johann Lesjak in der Messnerei abgehalten.

Nach Erteilung der Baubewilligung für ein neues Schulhaus im Jahre 1857 wurde mit dem Bau begonnen, ein Jahr darauf der ordentliche Schulbetrieb fortgesetzt *und dem Lehrer ein angemessenes Einkommen von jährlich 150 Gulden aus Lokalmitteln gesichert. Da die Landesregierung gegen die Aktivierung des Lehrerpostens keinen Anstand erhob, wurde die Lehrer- und Messnerstelle provisorisch durch Tschernuth und im folgenden Jahr durch den Schulprovisor Oswald Wüster besetzt,* der als Lehrer von 1859-1869 am Sternberg verblieb. 1877 scheint im Geburtenbuch der Pfarre Sternberg der Keuschlersohn Primus Sturm auf, der hier als Lehrer beschäftigt war.

In den Folgejahren wechselte die Lehrerstelle zu Anton Rösch. Der Sohn eines Tischlermeisters aus Gurnitz wurde 1888 zum Oberlehrer in Damtschach bestellt. Ihm folgte 1889 Andreas Suppik, von der Mayernighube in Umberg. Franz Grobelnitz aus Hainburg war als Aushilfslehrer 1892 am Sternberg tätig. Ludwig Mickl scheint 1894 als Schulleiter auf. Bis zum Jahr 1900 lag die Obhut der Schüler in den Händen von Anton Marinitsch.

Von 1900 bis 1918 leitete Valentin Kowatsch die Schule am Sternberg, ehe er *sein Hab und Gut zurücklassend nach Jugoslawien verschwand.* Den Verwüstungen in den folgenden Monaten fiel neben der bisher geführten

Schulklasse in Sternberg Jg. 1920   Leihgabe: Fr. Kreuch

Schulchronik so ziemlich alles zum Opfer, was die Schule an Unterrichts-
mitteln zur Verfügung hatte.

Alois Eder übernahm die Lehrerstelle provisorisch im November 1919. Die
erste Tätigkeit war *„von Haus zu Haus und von Hütte zu Hütte zu wandern
um die Schülerdaten aufzunehmen"*. Sollte der Unterricht ursprünglich mit
19. April 1919 beginnen, so musste er wegen des schlechten Zustandes des
Gebäudes auf 11. November 1919 verschoben werden. Von 83 schulpflichtigen Kindern haben 75 die Schule regelmäßig besucht.

Mit Erlass des Bezirksschulrates vom 31. 10. 1920 (Zahl 740/1/20) wird der
Lehramtsanwärter Alois Eder ab 1. November 1920 bis auf weiteres zum
Aushilfslehrer an der einklassigen Volksschule zu Sternberg betraut und
gleichzeitig als Schulleiter bestellt. *Am 17. Dezember kommt wegen des
großen Schneefalls kein Kind mehr zur Schule. Josef Novak, der im Jänner
1921 vom Schulsprengel Damtschach nach Sand zum vulgo Hoisl „hinge-
wandert" war ist am 25. Februar 1921 tödlich verunglückt. Dem Knaben, der
nach Damtschach überführt wurde, gaben die Damtschacher und eine Ab-
ordnung der Sternberger Schuljugend das Ehrengeleit.*

Im Schuljahr 1921/22 besuchten 92 Kinder die Schule am Sternberg. Darunter befanden sich drei Gastschüler sowie 14 Neuaufnahmen.

Die Schüler widmeten sich auch karitativen Aufgaben. Wie uns die Überlieferung mitteilt, sammelten sie während dieses Schuljahres 302 Kronen für das bedrohte Oberschlesien.

Die Witterungsverhältnisse während dieses Jahres führten am Georgi-Sonntag (24. April) zu einem Meter Neuschnee und richteten großen Schaden bei den Obstbäumen an. Während des weiteren Jahres kam es dann zu einer katastrophalen Trockenperiode. Von Mai bis August fiel kein Regen. Der Brunnen beim Schulhaus und die drei Brunnen beim Pfarrhof waren eingetrocknet. Lediglich die Quelle beim Letternig am Fuße des Sternberges führte noch Wasser und musste fast die ganze Ortschaft versorgen. Die zum Schulsprengel zählenden Ortschaften Krottendorf, Lichtpold und Sand mussten ihr Wasser aus dem Dammnig-Teich (heute Sägewerk und Zimmerei Lepuschitz) beziehen.

Der Schulinspektion durch Bezirksschulinspektor Hugo Moro folgte die Teilnahme an der Feier zum 10. Oktober in Velden. 18 Schüler und der Lehrer Alois Eder folgten der Einladung zu dieser Feier, bei der Oberlehrer Eisenhut aus Velden eine ergreifende Festrede hielt.

Während dieser äußerst schwierigen Zeit in den Nachkriegsjahren des 1. Weltkrieges wurde Alois Eder von den damaligen Ortsschulratsmitgliedern Lukas Pichler, Besitzer in Sand, Josef Sticker, Besitzer in Terlach, Leopold Toff, Besitzer in Sand, Felix Piber, Besitzer und Kaufmann in Krottendorf, Florian Fischer, Besitzer in Terlach und Jakob Florianz, Besitzer in Stallhofen, tatkräftig unterstützt. 1922 verlassen 12 Schüler mit Entlassungszeugnis und 1 Schüler mit Abgangszeugnis die Schule am Sternberg.

Das neue Schuljahr 1922/23 beginnt am 21. April. Von 93 schulpflichtigen Kindern besuchen 88 den Unterricht. 7 Schulkinder werden zu Ostern neu aufgenommen.

Auch im Sommer 1922 kommt es zu einer großen Dürre, die von einem *Engerlingfraß* begleitet wird. Die Ernteerträge des letzten Sommers führten bereits zu solchen massiven Einbußen, dass die Bauern ihr Brot kaufen mussten. Auch die Ernte dieses Jahres drohte der Trockenheit anheim zu fallen.

Von den 11 entlassenen Schülern im Jahr 1923 erhalten 10 ein Entlassungszeugnis und 1 Schüler ein Abgangszeugnis.

Im Schuljahr 1923/24 besuchten 86 Kinder die Schule am Sternberg. Eine Impfung der Schulpflichtigen wird am 25. Juni 1923 durch den Distriktsarzt Dr. Höferer in Kantnig im Gasthaus Kussian durchgeführt.

Im November 1923 verlässt Alois Eder die Schule am Sternberg in Richtung Ludmannsdorf und wird vom dem in Brooklyn geborenen August Tschinkel ersetzt.

Ende November 1923 fand durch den Schulleiter und dem Herrn Pfarrer auf behördliche Anordnung hin eine Untersuchung der Kropfhäufigkeit unter den Schülern statt. Das Ergebnis war recht betrübend. 50 % der Knaben und 70 % der Mädchen hatten einen mehr oder weniger ausgebildeten Kropf! Durch Beimengung von kleinen Spuren Jod zum Kochsalz will man nun dieses Übel steuern. Ansonsten waren die Schüler gesund, wenige Erkrankungen durch Kretze.

Unter der Traufe des Schulhauses und in der Nähe der Kapelle findet der Schulleiter jeweils eine römische Münze.

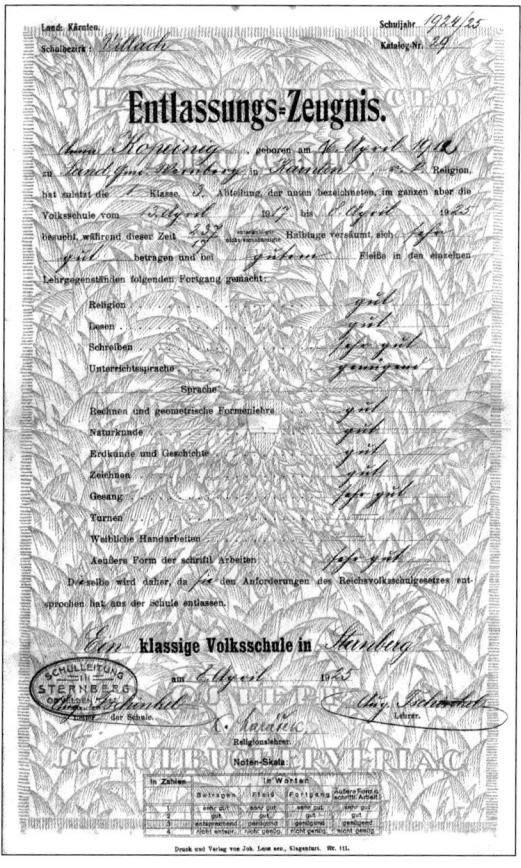

Zeugnis von Anna Kopeinig

Leihgabe: Fr. Kreuch

Ende des Schuljahres verlassen 6 Schulkinder mit Entlassungszeugnis und 2 mit Abgangszeugnis die Schule am Sternberg.

Von 94 schulpflichtigen Kindern besuchen im Schuljahr 1924/25 89 die Schule. Auch im folgenden Schuljahr 1925/26 dürfte es zu keinen nennenswerten Ereignissen gekommen sein. Außer dem Missfallen Tschinkels, über das immer stärker um sich greifende Problem des unkontrollierten Alkoholgenusses unter Jugendlichen, scheint nur der weitere Fund einer römischen Münze und die Schülerzahl von 87 Schulkindern erwähnenswert.

Den Bemühungen des Schulleiters folgend, wird im Schuljahr 1926/27 die Aushilfslehrerin Gabriele Lamberger aus Friesach als zweite Lehrkraft für

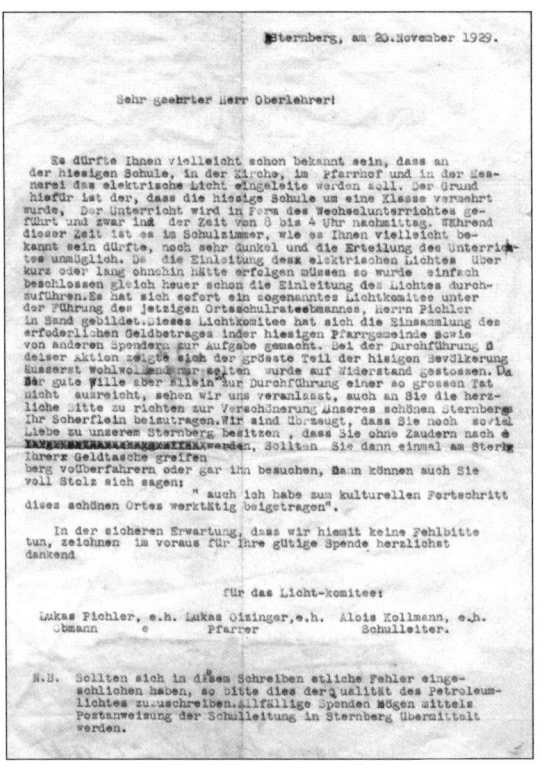

Brief aus dem Jahre 1929

Leihgabe: Fam. Linde u. Eduard Haas

den Schulbetrieb am Sternberg eingestellt. Während dieses Jahres wird auch das Messnerfeld für 5 Jahre gepachtet. *Schüler und Schulleiter richteten dort eine Baumschule her.* Auf dem Areal wurden 400 Apfelbäume (Apfelwildlinge) gepflanzt. *Bei den Arbeiten stieß man in etwa 30 Zentimeter Tiefe auf Steintrümmer einer römischen Niederlassung.* Zahlreiche Funde, wie Fibeln, eine Lanzenspitze, Eisennägel, Eisenschlacke, Keramikfragmente und ein Marmorbecken werden gefunden und dem Museum in Villach übergeben.

Die elfjährige Schülerin Joseffa Lecher wird beim *Schwarzbeerklauben* im Schmarotzwald von einer Giftschlange gebissen. Durch rasches Handeln ihrer Freundin, sie hatte ihr mit dem Schürzenband den Fuß abgebunden, konnte Schlimmeres verhindert werden. Trotzdem dauerte die Heilung einen Monat. 87 Schülern, die in diesem Jahr die Schule besuchten, teilten sich in 46 Knaben und 41 Mädchen. 12 davon wurden mit Entlassungszeugnissen aus dem Schulbetrieb *in das Leben hinausgeschickt.* Zu Beginn des Schuljahres 1927/28 musste Lehrer Tschinkel wieder ohne eine weitere Lehrkraft auskommen. Unter den 78 Schüler waren viele, die gerade in diesem Jahr an Mumps und Grippe erkrankten. Während Tschinkel sich bemühte, für seine Schule eine zweite Lehrkraft zu bekommen, was vom Landesschulrat abgelehnt wurde, plante man bereits die Schule am Sternberg überhaupt aufzulassen. Da sich die Gemeindervertretung außerstande sah, den dafür nötigen Um- und Zubau an der Schule in Damtschach durchführen zu lassen, blieb vorerst alles beim Alten.

46

100 Jahre Volksschule Sternberg am 3. August 1930
Leihgabe: Fam. Linde u. Eduard Haas

1928 wurde Tschinkl von Alois Kollmann abgelöst, der auch mit dem Problem einer zeitlichen Verlagerung der Ferien konfrontiert wurde. Hatten die
Ferien bisher am 1. September begonnen und bis Ende Oktober gedauert, so
wollte man diese unter heftigem Protest der Ortsschulräte in die Sommer-
monate verlegen. Dazu notierte Kollmann in der Chronik: *In unserer Gegend betrachtet man die Kinder nicht so sehr als bildungs- und erziehungs-
bedürftige Menschen, sondern viel mehr als Arbeitstiere.* Weiters berichtet
die Chronik: *„sehr strenger Winter, ältere Leute können sich nicht an der-
artige Wetterverhältnisse erinnern. Das Thermometer fällt zeitweise auf bis
zu 32 Grad unter Null."*

Zu Schulbeginn 1929/30 wurde der in Bayern geborene Pfarrer Böhm von
Sternberg nach Eisenkappel versetzt. Unter dem *„Lichtkomitee"* Lukas Pich-
ler, Josef Anderwald, Ferdinand Oschounig, Provisor Lukas Oitzinger und
Schulleiter Alois Kollmann kommt es zur *Einleitung elektrischen Lichtes in
Schule, Pfarrhof und Messnerei.* Die Finanzierung erfolgte aus Mitteln der
Gemeinde und durch Spenden der Bevölkerung. Während der Sommermo-

nate wurde der Kirchturm beleuchtet und war nun auch nachts weithin sichtbar.

Die Bevölkerung staunte nicht schlecht, als am 9. Mai 1930 Herr Dr. Rainer aus Seebach bei Villach erstmals ein Automobil (Fiat 509) auf den Sternberg fuhr.

Die 100-Jahrfeier der Schule im Juli 1930 wurde von einem fürchterlichen Gewitter überrascht. Die Feier musste abgebrochen werden. Mit dem Reinerlös wollte man den Bau einer Wasserleitung finanzieren. Der Hagelschlag vernichtete einen Teil der Ernte. Unter den 65 Schülern, die im vergangenem Schuljahr die Schule besuchten, befanden sich 10 Neuzugänge.

Im Schuljahr 1930/31 wurde der Schulbetrieb mit 76 Schülern von einem zweiten Lehrer, Josef Juch, unterstützt. Die zunehmend größer werdenden wirtschaftlichen Probleme, die weltweit spürbar sind, finden auch in der Schulchronik ihren Niederschlag. Der Schulleiter Alois Kollmann vermerkt dazu: *„Die großen wirtschaftlichen Schwierigkeiten treffen die Bevölkerung hart. Man weiß nicht, wie man den kommenden Winter überstehen sollte. Oft gibt es bei einzelnen Familien tagelang kein Geld.“* Trotz der miserablen Lage herrscht am 12. Juli 1931 Feierstimmung am Sternberg. Das Schulgebäude wird mit Flaggen behängt, um den Überflug des Luftschiffes „Graf Zeppelin" zu begrüßen.

Josef Juch verlässt zu Ferienbeginn die Schule, in der abwechselnd Vor- und Nachmittagsunterricht abgehalten wurde. 1931 wird die Schule durch den Lehrer Adolf Gabron verstärkt und ein Vor- bzw. Nachmittagsunterricht eingeführt, da man nur über ein Klassenzimmer verfügte. 85 Schulpflichtige werden im Schuljahr 1931/32 im Vormittagsunterricht von 8 Uhr bis 11 Uhr 30, und im Nachmittagsunterricht von 11 Uhr 30 bis 14 Uhr vom Schulleiter Alois Kolmann sowie vom Lehrer Adolf Gabron unterrichtet.

Die Verhältnisse im Schulhaus selbst hatten sich kaum gebessert. Die unzureichende Beleuchtung und das zu niedrige Klassenzimmer führten neuerlich zur Diskussion, die Schule aufzulassen und die Schüler auf Damtschach und Lind aufzuteilen. Nachdem der Schulsprengel Sternberg auf die Orte Sternberg, Sand und Oberjeserz zusammengeschrumpft war, verließ Kollmann Sternberg und trat die Stelle als Oberlehrer in St. Niklas an der Drau an. Gabron übernahm nun die Leitung der wiederum einklassig geführten Schule und unterrichtete von 8 Uhr bis 11 Uhr 30 die Unterstufe und von 11 Uhr 30 bis 14 Uhr die Oberstufe.

Die neuerliche Diskussion über die Beseitigung der Schule und der damit

verbundenen Auftei-
lung der Schüler heiz-
ten die Stimmung
unter der Bevölke-
rung dermaßen an,
dass die Eltern dazu
übergingen, ihre Kin-
der nach und nach in
die Schule nach
Damtschach zu
schicken. *„... heute
gingen ein paar, mor-
gen ein paar, zehn*

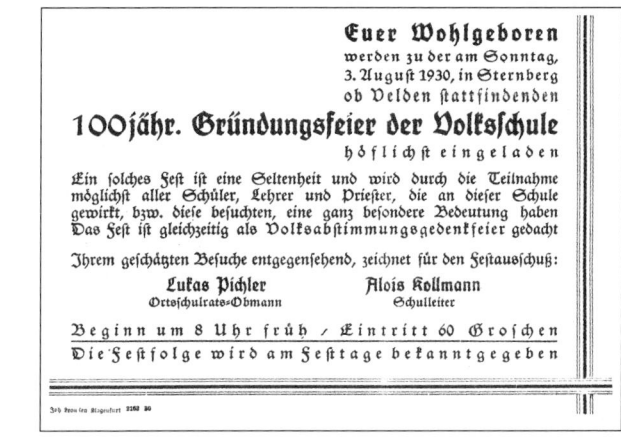

Tage nach Schulbeginn waren alle in Damtschach".

Nachdem der Ortsschulrat in Damtschach seinen Widerstand aufgegeben hatte und der Schule in Sternberg mit 1. Dezember 1931 schriftlich mitteilte, alle Kinder aufzunehmen und einzuschulen, schlug die Meinung der betroffenen Bevölkerung blitzartig um. Der Parole folgend: *„Früher wollte uns der Ortsschulrat Damtschach nicht. Jetzt wollen wir nicht ..."*! wurden nur 8 der 24 Kinder nach Damtschach geschickt.

Zu der immer größer werdenden Wirtschaftskrise und der 18 %-igen Gehaltskürzung vermerkt Gabron im Schuljahr 1932/33: *„... traurig öde und leer scheint diese Welt zu sein."*

Am 3. November beginnt das Schuljahr 1933/34. *80 % der Kinder können von ihren Eltern das notwendige Geld für die Schulunterlagen nicht mehr erhalten.* Trotzdem entschließt man sich zu einem 2-tägigen Schülerausflug nach Pörtschach, Moosburg, Tigring, St. Veit, Hochosterwitz, dem Herzogstuhl, und Klagenfurt, der teilweise zu Fuß durchgeführt wird.

Die immer stärker werdenden politischen Umwälzungen finden nun auch in der Schulchronik immer reichhaltiger werdenden Niederschlag.

Die Situation der Bevölkerung verschlechtert sich zusehends und im Bild des „Geschriebenen" spiegelt sich die große Not wieder. *Bildeten Brot und Most die Jause im Jahr 1933, so ist´s heuer das trockene Brot. Die hiesigen Leute verlangen nicht viel, sie geben sich mit allem zufrieden,* bemerkt ein Bauer, der ruhig und entschlossen seiner Arbeit nachgeht.

Am 26. Mai 1934, um halb acht Uhr abends, schlägt der Blitz in das Anwesen des Unteren Draboßenig ein. Der Blitz war derart stark, dass er sich in

die Tiefe hineingrub und eine breite Furche zwischen Haus und Stadel schuf.
Durch den Luftdruck verendeten 3 Tiere im Wert von 1.500 Schilling.

Im darauffolgenden milden Winter werden für die immer größer werdende
Zahl an Arbeitslosen und Minderbemittelten Spenden gesammelt. Selbst
Kinder geben ihre wenigen Habseligkeiten. 500 Personen sprechen beim
Gemeindeamt vor und erhalten als Weihnachtshilfe Mehl, Zucker und Fett.
Nach den Feiertagen beginnt die Verteilung von Brot und Fleisch.

Im Schuljahr 1934/35 besuchen 59 Schüler die Schule am Sternberg. Als
zweite Lehrkraft wird Regina Gallob aus Gailitz bestellt. Am 28. November
verlässt Pfarrer Mairitsch Sternberg und übersiedelt nach Grafenstein. Sein
Nachfolger wird Theophil Hensel.

Die wirtschaftliche Situation zwingt die Schüler ihre Lehrmittel selbst mit-
zubringen. Die Schulbücher werden vom Ortsschulrat beigestellt.

Im darauffolgenden Schuljahr waren 63 Schüler eingeschrieben.

Von den 55 Schülern, die im Schuljahr 1936/37 die Schule am Sternberg
besuchten, kommen 17 aus der Ortschaft Sternberg. Der Schülerausflug
führt über St. Martin am Techelsberg nach Töschling am Wörthersee und
von dort mit dem Motorschiff „Wulfenia" nach Velden.

Die Wintersammlung für besonders Bedürftige unter der Bevölkerung er-
gab in diesem Jahr 13,05 Schilling.

In den nun folgenden Seiten der Schulchronik berichtet der Oberlehrer
Adolf Gabron sehr ausführlich über die Ereignisse des Anschlusses Österreichs an Deutschland. Während dieser Tage hatten die Schüler schulfrei,

bis am 21. März 1938 der erste Schultag im 3. Reich abgehalten wird. Das Schuljahr 1937/38 zählte 56 Schüler, die für die Winterhilfe 11,83 Schilling sammelten.

Am 14. Juni 1939 wird die Schule, die im letzten Schuljahr 53 Schüler zählte, geschlossen und die Schüler auf Damtschach, Lind und den Schulsprengel Kranzelhofen aufgeteilt.

In den letzten Zeilen schreibt Adolf Gabron: *„Sternberg schloss die Tore, schwer war der Abschied für Schüler und Lehrer!"*

Im Abschlusszeugnis prangt jenes Zeichen, dass nicht nur die Epoche einer Schule beendet, sondern die Welt in einen fürchterlichen Krieg führen wird.

Klassenfoto, Jahrgang 1932/33   Leihgabe: Anna Falle

In der Tür sitzend Lehrer Gabron. Von Links: Happe Leni, Biersak Elli, Laßnig Maria, Aichholzer Franziska, Happe Paula, Aichholzer Aloisia, Susitti Greti, Prosen Peter, Susitti Konrad, Jesenitschnig Justi, Kogler Kathi, Themel Anna, Waldhauser Maria, Fallast Rosa, Happe Johanna, Anderwald Maria, Munger Anni, Matiz Bogamila, Schaschl Anna, Susitti Paula, Petritsch Johanna, Biersak Emil, Oitzinger Lambert, Struckl Emil, Fallast Robert, Petritsch Alois, Scharner, Aichholzer Leopold, Ettl Hansi, Katnig Hansi, Laßnig Robert, Oitzinger Engelbert, Kogler Mathias, Laßnig Johann, Fischer Christian, Gajschek Karl, Kattnig Otto, Waldhauser Friedrich, Schimitz Jakob, Anderwald Pepo, Katholnig Blasi, Fischer Stefan, Florian August, Ulbing Hansi, Ulbing Valentin, Oschounig Ferdinand, Gajscheck Leopold, Turki.

Alois Eder 1969. Leihgabe: Fam.
Linde und Eduard Haas

Alois Eder ist als drittes Kind der Försterfamilie Johann und Barbara Eder am 28. Oktober 1896 im Schloss Hollenburg im Rosental geboren.

Nach der Volksschule besuchte er die Lehrerbildungsanstalt in Klagenfurt.

Bei Ausbruch des 1. Weltkrieges wurde Eder zum Militärdienst einberufen und diente dort im Gebirgsjägerregiment. Während der Einfälle des SHS-Staates in Südkärnten nahm er aktiv an den Abwehrkämpfen und den Vorbereitungen zur Volksabstimmung teil.

Seine pädagogische Laufbahn begann Eder in Schiefling am See. Am 1. November 1919 wurde er als Lehrer an die Volksschule in Sternberg zugewiesen, wo er später auch die Leitung übernahm.

Im November 1923 wurde der passionierte Lehrer mit der Leitung der Schule in Ludmannsdorf betraut.

Im Jahre 1927 heiratete er Mathilde Schiller. 1 Sohn und 4 Töchter entsprangen dieser Verbindung.

Die Wirren des 2. Weltkrieges zwangen ihn und seine Familie, Ludmannsdorf zu verlassen und der neue Familienwohnsitz wurde sein geliebter Sternberg.

1948 beginnt seine neuerliche Laufbahn als Lehrer in der Volksschule Damtschach, wo er 1955 zum Schuldirektor bestellt wurde.

In seinem privaten Wirkungsbereich widmete sich Alois Eder vor allem dem Laientheater und der Freiwilligen Feuerwehr Damtschach, wo er die Schriftführung und Kassengebarung innehatte.

Die Gründung der Ortsgruppe Wernberg, des Kärntner Abwehrkämpferbundes 1957 spiegelt seine tiefe und innige Heimatverbundenheit wieder.

Den Schülern Wissen zu vermitteln, seinen Freunden und Kameraden Toleranz und Hilfsbereitschaft vorzuleben, waren prägnante Charakterzüge.

Unter großer Anteilnahme der Bevölkerung, getragen von seinen Feuerwehrkameraden, findet er 1972 in Gottestal seine letzte Ruhestätte.

Grundstrukturen des bäuerlichen Lebens

Ried-Sternberg ist ein Ort mit verstreuten Häusern, Höfen, Gärten und Viehweideland. Gränzt an der 1 ten Seite an das bachl beim trauntschnig an der 2 ten an den Bach unter das Gmain von Jarnig Wiesen, mit der 3 ten an das Weißmüller Haus und Wazenig Berg und mit der 4 ten Seite an den Herschaften Hohenwarter wald. Weiters wird 1639 beschrieben: „ *... so sein auch Zween dergleich Teicht allher gehörig unter den altes Puwelachstallen* (oder Stollen) *zu Sternberg gelegen und die Sternberger Teicht genannt werden".*

Das Leben der sozial unterschiedlichen Bevölkerungsschichten des 16. bis 19. Jahrhunderts aus dem Dunkel der Geschichte herauszuheben, bedarf den Einblick in antiquarische Schriftquellen, die sich trotz Naturkatastrophen und kriegerischer Auseinandersetzungen bis heute erhalten haben. Wenn auch im Laufe der Geschichte einige dieser einzigartigen und unwiederbringlichen Hinterlassenschaften verloren gegangen oder zerstört worden sind, und wir den Stellenwert der noch verbliebenen zu geringfügig zu schät-

Sternberg (nach Markus Pernhard, Burgen und Schlösser in Kärnten), Klagenfurt 1988

zen wissen, so sei an dieser Stelle angemerkt, dass sie die einzigen Zeugnisse sind, die uns vom Leben und Sterben der hier einst ansässigen Bevölkerung in schriftlicher Form berichten.

Trotzdem sei angemerkt, dass Namen der betreffenden Personen vom Pfarrer, Pfleger, Gerichtsdiener usw. falsch übernommen wurden oder wegen schwerer Lesbarkeit Schreibfehler oder Verwechslungen nicht ausgeschlossen werden können.

Die wertvollsten sozial- und familiengeschichtlichen Quellen sind Kirchenbücher und Inventare. Durch sie ist es aber nicht nur möglich, Familiengrößen, Heiratsradien, Kindersterblichkeitsraten oder Altersdurchschnitte zu ermitteln, sondern auch Einblicke über damalige soziale Verhältnisse oder den Stellenwert einzelner Personen zu bekommen. Aus der oberen Schichte der Hierarchie haben sich zahlreiche Zeugnisse in Form von Porträts und Urkunden erhalten, die uns den Blick zurück gestatten. Jene aber, deren Lebensweg auf einem niedriger führenden Niveau verlief, haben nicht mehr als eine Eintragung im Tauf-, Heirats- oder Sterbebuch hinterlassen.

Eines der großen Probleme jener Zeit stellten wohl die vielen Todesfälle von Neugeborenen und Kleinkindern dar. Die unzulänglichen medizinischen Kenntnisse sowie mangelhaften hygienischen Verhältnisse trugen wesentlich zur hohen Kindersterblichkeitsrate bei und führten nicht selten auch noch zum Tod der Wöchnerin. Allein schon aus wirtschaftlichen Gründen waren Ehemänner, deren Frauen im Kindbett starben, gezwungen, sich um eine Nachfolgerin umzusehen, weshalb zwei oder drei Eheschließungen keine Seltenheit darstellten.

Erst im 19. Jahrhundert wurde es möglich, durch die Einführung der Antisepsis, dieses Problem einigermaßen in den Griff zu bekommen. Dass Mütter, die ihren Nachwuchs kurz nach der Geburt oder im Kleinkindalter verloren, diese äußerst schwierige psychologische Belastung überwinden konnten, liegt wohl daran, dass durch die schwere Haus- und Feldarbeit ihre Gedanken in andere Richtungen gelenkt wurden. Nur so scheint es erklärbar, dass Mütter, die oft ihre Kinder hintereinander begraben mussten, nicht an diesen tragischen Schicksalsschlägen und den Gedanken an das eigene Unvermögen zerbrachen.

Eine ständige Bedrohung für Männer war vor allem das Fehlen einer unfallchirurgischen Versorgung. Oft führte die Holzarbeit oder der tägliche Umgang mit dem Vieh zu Verletzungen, die bei ausreichender medizinischer Versorgung heilbar gewesen wären. Trotzdem ist es erstaunlich, dass viele Menschen ein Alter von 70, 80 oder 90 Jahren erreichten. Dass Eheschließungen nicht allzu häufig waren und oft erst im fortgeschrittenen Alter vollzogen wurden, lässt sich aus den Inventarien herauslesen. Vielfach wurde eine Verehelichung solange aufgeschoben, bis man den väterlichen Besitz übernehmen und dadurch die Existenz der neu gegründeten Familie garantieren konnte.

Eigenartig mag in unserer heutigen Zeit wohl der Umstand erscheinen, dass in den meisten Fällen vor einer Heirat die Herrschaft eine Erlaubnis erteilte. So lesen wir im *Landgerichtsprotocoll* von Velden, aus dem Jahre 1806: *Vom Websbezirk Velden wird den Johann Koban die Erlaubnis erteilt sich mit der Kollmann, Besitzerin der Jörgitschkeusche zu Tröschitz sittsam zu verehelichen.*

Andererseits war es üblich, den außer- oder vorehelichen Geschlechtsverkehr unter Strafe zu stellen. So lesen wir 1708 von einer Braut, die 2 Tage vor der Trauung ihr *„Fleischliches Vergehen"*, mit dem zukünftigen Ehemann, dem Pfarrer beichtete.

Der Pfarrer belegte die Braut mit 2 Gulden und den Bräutigam mit 4 Gulden Geldstrafe, die natürlich in die Kirchenkasse flossen.

1718 ertappte man den verheirateten Hubenbesitzer Gregor Wazenig mit einer anderen Frau. Daraufhin wurde er vom Landrichter Veit Burger in Velden zu 5 Schilling Strafe verurteilt, weil er *„wider das 6. Gebot Gottes gesündiget".*

Todesursache bei Infans I * *Sternberg 1786-1834*

Zeitraum	Fraisen	Ruhr	Schwäche	Totgeburt	Blattern	Katharr	Sonst.
1786-1834	10	4	10	1	6	3	12

Sonstige Todesfälle beinhalten Augosta, Angina, Vergichtet, Abzerrung und Asthma.

Huben

Die Spitze der sozialen Hierarchie bildeten die Grundherrschaften, die vertreten durch Pfleger oder Verwalter, einen Großteil der steuerlichen Einnahmen für sich in Anspruch nahmen. Großbauern, die gemeinsam mit dem

---

* Geburt bis vollendetes 6. Lebensjahr

Geistlichen das Leben in der Ortschaft prägten, bildeten das Bindeglied zu den einzelnen Grund- und Gutsherren.

Ansehen und Macht der örtlichen Bauern waren jeweils von der Größe des landwirtschaftlichen Betriebes abhängig. Das Maß bäuerlicher Besitzeinheiten war die Hube, die auch in 1 $^1/_2$, 1 $^1/_4$ unterschieden wurde oder aber $^1/_4$ Hube betragen konnten. Die landwirtschaftlichen Flächen und die sich darauf befindenden Gebäude gehörten einer weltlichen (Graf, Fürst usw.) oder geistlichen (Kloster, Pfarrkirche etc.) Grundherrschaft. Bis 1848 wahren Eigentümer im heutigen Sinn nur Fahrnisse (Vieh, Hausrat, Geräte, Ernteerträge) des Bauern bzw. Keuschlers. Almen und größere Weideflächen (Nachbarschaft) waren Allgemeingut. Unter diesen Voraussetzungen war es das Bestreben des Bauern, möglichst viel aus den Huben herauszuwirtschaften, und nur ein Mindestmaß der Instandhaltung durchzuführen, was langfristig zum Verfall einer Hube führte. Fallweise griff die Grundherrschaft ein und legte dem Bauern Renovierungen nahe, die innerhalb einer gewissen Frist abgeschlossen sein mussten, oder den Entzug des Anwesens zur Folge hatte.

K e u s c h e n (Keuschler) bildeten die nächste soziale Schicht und sind zumeist auch jüngeren Datums. Die Errichtung der Keuschen erfolgte auf einem von einer Hube abgetrennten Grundteil oder auf Gemeindegründen (Nachbarschaft). Vor allem Handwerker, die es sich leisten konnten, ein eigenes Dach über den Kopf zu schaffen, gehörten zu dieser Schichte. Keuschen dienten als Wohn- und Arbeitsstätten und wurden auch in der Nähe des Arbeitsplatzes (Industrieanlage, Adelssitz) errichtet. Ortschaften sind erst dadurch zu größeren Einheiten herangewachsen. Meistens gehörten zu den Keuschen auch kleinere Äcker und Wiesenflächen, auf denen für den Eigenbedarf Landwirtschaft betrieben wurde.

Für männliche Nachkommen, die den väterlichen Besitz nicht übernehmen konnten, gab es außer einer handwerklichen Lehre oder dem Gang zum Militärdienst kaum Verdienstmöglichkeiten, wollten sie nicht als Knecht auf einem Hof dienen oder als Tagelöhner durch das Land ziehen, wie später noch einige Beispiele zeigen sollten. Bessere Chancen boten sich für Mädchen. Als Magd auf einer Hube konnten sie sich einen Jungbauern angeln und ihre sowie die Existenz der Nachkommen einigermaßen absichern, sollte ihr das Glück beschieden sein, dass der Jungbauer die Magd auch zum Traualtar führte. Verschlüsselt finden sich Hinweise dahingehend, dass Vaterschaften nicht anerkannt wurden, weil der Vater bereits in einer ehelichen Beziehung lebte, weshalb es dem Geistlichen untersagt war, die Vaterschaft einzutragen, um Familienzwistigkeiten zu vermeiden. Männer, die sich zu ihrer außerehelichen Vaterschaft bekannten, mussten diese in Gegenwart zweier Zeugen dem Geistlichen mitteilen, ehe dieser die Vaterschaft im Geburtenbuch (Taufbuch) eintrug.

Dienstboten

Wie bereits erwähnt, boten sich der Bevölkerung nur geringe Verdienstmöglichkeiten. Das Erlernen eines Handwerksberufes war nur mit finanziel-

Anna Munger 1935   Leihgabe: Anni Falle

lem Aufwand möglich. Nachkommen jener Familien, die nicht über die notwendigen Geldmittel verfügten, mussten sich ihren Unterhalt als Dienstboten (Knecht, Magd) erarbeiten. Diese wohnten dann überwiegend beim Dienstherrn (Hubenbesitzer). In vielen Fällen hatten sie ihr Ruhelager in einem dem Stall angrenzenden Raum. Die Bezeichnung Knecht oder Magd ist jedoch nicht immer als solche angeführt. Gelegentlich finden sich Einträge Gast oder Gästin, die nicht immer als Untermieter zu verstehen sind.

Unterstandslose

Umherziehende Leute ohne Beschäftigung bildeten die unterste soziale Schicht. Hier waren es vor allem Bettler oder vom Militärdienst Entlassene, zumeist Invalide, die herumzogen. Ohne ein Dach über dem Kopf waren sie schon froh, wenn ihnen die Bäuerin gelegentlich ein Stück altes Brot zusteckte.

Einige werden wir antreffen, wobei die Bezeichnung Vagabund, auch wenn sie in den Text übernommen wurde, wohl bei den meisten kaum zutreffend ist.

Steuern

Die Herrschaft Wernberg ist seit 1520 im Besitz der Khevenhüller gewesen und von ca. 1560-1672 mit der Herrschaft Aichelberg-Damtschach verbunden. Die Abgaben erfolgten, wie wir später sehen werden, an jene Grundherrschaften, zu dessen Besitz die einzelnen Huben und Keuschen zählten. Von den Bauerngütern oder Keuschen mussten jährlich Abgaben in Form von Naturalien, Geldleistungen (Zehent) und Tagearbeiten (Robot) an die Grundherrschaft geleistet werden. Die staatlichen Steuern bestanden ausschließlich aus Geldleistungen. Die Naturalabgaben bestanden aus Getreide oder tierischen Produkten, wobei der Getreidezins (Zinstraid) häufig den halben Ernteertrag ausmachte und so den Bauern in eine wirtschaftlich existenzbedrohende Situation führen konnte. In diesem Fall musste die Viehwirtschaft die Rentabilität des Hofes sichern. Die stärkste Belastung aber war die Übergabssteuer (Verehrung-Leykauf), die an die Grundherrschaft abgeführt werden musste. Gerade bei größeren Bauerngütern konnte diese eine beträchtliche Höhe erreichen, weil zur eigentlichen Sum-

Nordansicht von Sternberg mit „Jungfernsprung", um 1910   Leihgabe: Anni Falle

me auch noch Schreib- und Stempelgeld hinzukamen und an die von der Grundherrschaft entsandten Schätzleute eine Art Aufwandsentschädigung zu bezahlen war. Auch wenn die steuerlichen Belastungen für uns hoch erscheinen, brachten es einige Bauerndynastien, die nebenbei auch noch Wirtshäuser und/oder Fuhrunternehmungen betrieben, zu beträchtlichem Wohlstand.

In den meisten Fällen wurde der Hof von Generation zu Generation weitergegeben, wie z.B. beim Wazenig (Erbhof). Trotzdem kam es vor, dass andere Personen einen Hof von der Grundherrschaft zugesprochen bekamen, weil z. B. eine derartig hohe Überschuldung der Hube vorlag.

Die Steuervorschreibungen wurden von den Grundherrschaften vorgenommen und waren deshalb sehr unterschiedlich, da sie von der jeweiligen wirtschaftlichen Situation der Grundherrschaft abhängig waren. Zu hohe Steuern konnten zu einem Bumerang für die Grundherrschaft werden, da sich dann kaum jemand fand, der eine Hube übernehmen wollte, deren steuerliche Belastung zu hoch war. Hinzu kam die Contribution (außerordentliche Kriegssteuer). Diese wurde dem Kaiser Leopold vom Landtag bewilligt und diente zur Finanzierung zahlreicher Kriege gegen die Osmanen oder Franzosen.

Am 18. Mai 1908 rückte die aus dem Kanaltal kommende Französische Armee in Villach ein. 26.000 Mann zogen über Feldkirchen nach St. Veit und weitere 10.000 Mann mit großen Geschützen über Velden nach Klagenfurt.

4.000 Mann lagerten durch vier Tage auf der so genannten Hammerheide bei Seebach. Durch primitive Produktions- und Verkehrsverhältnisse, die es nahezu unmöglich machte, Truppen aus der Ferne zu versorgen, musste alles aus den umliegenden Gebieten herangeschafft werden. Den damals entstandenen Schaden beziffert der Pfleger von Landskron mit 43.427 Gulden. 1809 kommt der Kreis Villach zur Illyrischen Provinz.

Von 3. November 1809 bis 9. Jänner 1810 lagerte der französische General Baron von Goutrain in Landskron und forderte mit Nachdruck die bestmögliche Verpflegung für sich und seine Offiziere. Die militärische Einquartierung verschlang große Mengen an Gütern des täglichen Gebrauchs, die von den Herrschaftsuntertanen abgeliefert werden mussten.

Die französische Besatzung forderte in weiterer Folge eine Frankensteuer, gegen die Pfarrer Sereinig beim General-Sekretariat in Feldkirchen Einspruch erhob, *da sie die Rustical und Dominicialsteuer zusammen um mehr als die Hälfte übersteigt.*

Erwerb

Die größten Erträge waren mit dem Handel von Hornvieh zu erzielen. An Getreide wird die Gerste an das nächste Brauhaus, der Hafer und das Heu an die Straßenwirte, sowie das übrige Korn in der Kreisstadt Villach zum Verkauf gebracht.

Nahrung

Die gewöhnliche Nahrung der Bewohner bestand in Kornbrot, Mehl, Milch und Gemüsespeisen, mit einer kleinen Zugabe von Fleisch zu Sonn- und Feiertagen, bei einer übermäßigen Verschwendung an Schmalz und Speck.

Krankheits-und Sterbediagnosen:

In äußerst seltenen Fällen wurde im Falle einer Geburt, Krankheit oder Todesfall, ein Arzt hinzugezogen. Zum Ersten deshalb, weil Ärzte nur im städtischen Bereich ansässig waren und kaum den weiten Weg auf sich nehmen konnten, und zum Zweiten reichte das Einkommen der Landbevölkerung nicht aus, sich einen Arzt leisten zu können.

Deshalb wurden die Diagnosen zumeist von Menschen vorgenommen, die der Schrift mächtig waren. Diese waren in erster Linie Pfarrer, Herrschaftsbeamte (Pfleger) und in weiterer Folge Lehrer. Interessant erscheint, dass in allen gesichteten Sterbebüchern nirgends eine Diagnose aufscheint, die Hinweise auf einen Blinddarm ergeben. Welche Diagnose wurde dann gestellt, wenn sich Menschen vor Schmerzen im Bett wälzten oder schrien?

Natürlich gab es Menschen, die auch für heutige Verhältnisse ein biblisches Alter erreichten. So verstarb am Dreikönigstag 1805 beim vlg. Stourotz Lorenz N (Namenlos), *ein herumvagabundierender Bettler 100 Jahre alt an Altersschwäche.*

Um einen kleinen Einblick in die damaligen Diagnosen zu gewähren, seien hier einige aus der Vielzahl herausgegriffen und angeführt.

Krankheitsnamen

Angina = Halsentzündung, Halsbräune
Antrax = Blutgeschwür
Auszehrung = Lungenschwindsucht

Fraißen = Anfall, Epilepsie, Tobsucht
Gicht = Podogora, Rheuma, Zipperlein
Nerverfieber = Typhus
Rheuma = Schnupfen; Katharr
Schlagfuß = Apoplerie
Stickfluss = Asthma, Brustwassersucht
Schwindsucht = Abmagerung

Epidemien, die in gewissen Abständen immer wieder Siedlungsgebiete heimsuchten, waren und sind Schreckgespinste der Menschheit. So grasierte in den Sommermonaten des Jahres 1817 eine Ruhrepidemie, die in allen Dörfern der Pfarre, und vermutlich wohl darüber hinaus, zahlreiche Menschenleben forderte. Betroffen waren vor allem Kleinkinder und alte Menschen.

Eine sehr häufige Todesursache bei Kindern waren die Blattern. Es ist heute kaum mehr verständlich, dass in damaliger Zeit diese heute so banal erscheinende Krankheit unzähligen Kindern das Leben kostete.

Tragische Ereignisse, die zum Tod einzelner führten, finden sich gelegentlich in einer Kurzfassung der Sterbeeintragung.

Am 25. Mai 1705 sind bei einem Seeunglück am Ossiachersee 16 Personen ertrunken, die allesamt in den Sterbematriken von Sternberg eingetragen sind. Wie viele davon geborgen wurden, ist nicht bekannt. Gründe der Seefahrt und die Ursache des Unglücks bleiben im Dunkeln.

Am 14. Oktober 1829 fand man den Leichnam des 55-jährigen Jakob Dragatin. Der Pfarrer vermerkte dazu: *ein herumwandernder Taglöhner vlg. Kristanik (Kaltschach Nr. 5), 55 Jahre alt im Wasser verunglückt. Wurde im Sternberger Fischteich (Letternigteich?) vorgefunden.*

Mehr Glück hatten 2 Kinder, die von Pfarrer Maraschek unter Einsatz seines Lebens vor dem sicheren Ertrinkungstod gerettet wurden.

Oder der Fall des 14-jährigen Vinzenz Zitterer: Am 19. Juli 1825 schreibt Pfarrer Andreas Sereinig: *fiel vom Baum und war entseelt.* Der tragische Unfall ereignete sich beim Anwesen vlg. Wazenig. Wie uns die Taufeinträge zeigen, ist Vinzenz nicht in dieser Pfarre geboren.

Sterbetabelle Sternberg 1786-1834

Zeitraum	Infans I	Infans II	Juvenil	Adult	Matur	Senil	Ges.
1786-1790	2	–	–	2	2	4	10
1791-1795	2	–	–	–	–	7	9
1796-1800	4	–	–	1	1	5	11
1801-1805	5	–	–	1	2	8	16
1806-1810	3	–	–	–	–	8	11
1811-1815	4	1	–	–	5	2	12
1816-1820	8	–	–	–	2	3	13
1821-1825	3	–	1	–	3	7	14
1826-1830	2	–	1	–	2	3	8
1831-1834	13	2	–	1	1	7	24
Gesamt	**46**	**3**	**2**	**5**	**18**	**54**	**128**

Infans I Geburt bis vollendetes 6. Lebensjahr   Adult 20. bis vollendetes 39. Lebensjahr
Infans II 7. bis vollendetes 13. Lebensjahr   Matur 20. bis vollendetes 59. Lebensjahr
Juvenil 14. bis vollendetes 19. Lebensjahr   Senil 60.<

Sterbetabelle Sternberg 1916-1965

Zeitraum	Infans I	Infans II	Juvenil	Adult	Matur	Senil	Ges.
1916-1920	3	–	–	–	–	6	9
1921-1925	6	–	–	–	–	2	8
1926-1930	2	–	–	1	–	3	6
1931-1935	1	–	–	–	–	4	5
1936-1940	–	–	1	–	–	2	3
1941-1945	1	–	–	1	1	2	5
1946-1950	1	–	–	1	–	2	4
1951-1955	–	–	–	–	–	3	3
1956-1960	–	–	–	–	1	6	7
1961-1965	–	–	–	1	–	2	3
Gesamt	**14**	**–**	**1**	**4**	**2**	**32**	**53**

Ferdinand Prägatbauer vom vlg. Letternig wurde 1944 von Partisanen erschossen. Da uns kein Alter vorliegt, wurde er dem Matur zugeordnet.

Hebammen

Während des schriftlich greifbaren Zeitraumes wurden 41 Frauen gezählt, die als Geburtshelferinnen (Hebammen) in den Taufbüchern der Pfarre Sternberg eingetragen sind. Darunter befinden sich zehn, die eine Ausbildung in dieser Richtung absolvierten. Ausgebildet wurden grundsätzlich nur Frauen, die bereits selbst Kinder geboren hatten.

Vielfach war das Hebammendasein nichts anderes als ein Nachbarschaftsdienst. Wusste man über die Kenntnisse einer Frau als Geburtshelferin bescheid, wurde diese im Falle einer Niederkunft herbeigeholt. Gelegentlich mussten Hebammen lange Fußmärsche in Kauf nehmen, um an entlegene Höfe oder Keuschen zu gelangen. Oft erschwerte hüfthoher Schnee ihren ohnehin beschwerlichen Fußmarsch.

Bauten

Ursprünglich dürften die Bauernhäuser im Blockbau aus Holz errichtet gewesen sein, wie dies in Kärnten aus der ersten Hälfte des 16. Jahrhunderts durchaus gängig war.

Vermutlich seit dem 18. Jahrhundert wurden Häuser in Steinbauweise errichtet, wobei die Steine meist aus der näheren Umgebung stammten. Kalksteinbrüche und Kalkbrennöfen haben bei dieser Art der Bauweise eine maßgebliche Rolle gespielt.

Keller wurden, wenn überhaupt, nur mit geringer Grundfläche gebaut und hatten zumeist nur einen Raum, dessen Decke mit einem Gewölbe ausgebildet war.

Zum Teil wurde das Erdgeschoß in Steinbauweise und das Obergeschoß in Blockbauweise mit Schwalbenschwanzverblattung hergestellt. Im Spätbarock wurde das Putzmauerwerk aufgenommen, das sich seit dem Biedermeier stark verbreitete. Die Blockwände oder Stubendecke wurden mancherorts mit Kalk übertüncht.

Seit ca. 1700 ist für Kärnten das charakteristische Schopfwalmdach (Halbwalmdach) nachzuweisen.

Brauchtum:

Neben den beiden Kirchtagen im Frühling (23. April) und Herbst (2. Sonntag im Oktober) war das Georgiblasen das wohl wichtigste Brauchtum in der Pfarre Sternberg. In der Vorwoche des Georgikirchtages (23. April)

Johanna Munger 1932
Leihgabe: Anni Falle

versammelten sich die Knaben der einzelnen Ortschaften. In Rotten besuchten sie während der Abendstunden Höfe und Keuschen, um den Besitzern eine fruchtreiche Ernte für das kommende Erntejahr zu wünschen. Als Instrumente benutzten sie ausgekochte Rinderhörner, die am schmalen Ende abgesägt waren und so als Blasinstrument dienten. Auch Kuhglocken untermalten die Rhythmischen Töne. Nach dem lärmenden Klängen traten die Einwohner des besuchten Anwesens vor die Haustüre und lauschten den Versen des Vortragenden. Anschließend wurden die Knaben mit Eiern und Früchten beschenkt, ehe sie zum nächsten Haus weiterzogen. Die Abgrenzung der Ortschaft einer anderen gegenüber war gleichzeitig auch die Grenzlinie der einzelnen Rotten, die nur ihr eigenes Dorf besuchen durften. Überschritten „Georgibläser" aus einer anderen Ortschaft diese Grenze, so kam es zu Auseinandersetzungen zwischen den einzelnen Gruppierungen, die nicht selten in einem Raufhandel endeten, oder zur Abnahme der bereits gesammelten Eier und Früchte führte, wobei die schwächere oder zahlenmäßig unterlegene Gruppe zumeist den Kürzeren zog.

Paten-Zeugenschaften

Häufig auftretende Namen bei Patenschaften, Trauzeugen usw. zeigen einerseits den sozialen Status einer Person und andererseits die Nachbarschaftshilfe. So fällt z.B. auf, dass zwischen den Anwesen vlg. Letternig und vlg. Knutlitz ein regelrechter Austausch von Taufpatenschaften und Trauzeugen stattgefunden hat. Auch die Besitzer des vlg. Schmied oder jene des vlg. Wazenig treten häufig in dieser Funktion auf. Daraus ergibt sich auch der Stellenwert dieser Personen in der Gemeinschaft. Obwohl fasst alle Bewohner der Ortschaft Sternberg in ärmlichen Verhältnissen lebten, zeigt sich sehr deutlich die Hilfsbereitschaft dem anderen gegenüber und der Zusammenhalt dieser sozial doch unterschiedlichen Gemeinschaft, die sich keineswegs nach Außen hin verschloss.

Legenden

Wo Menschen zusammenleben werden, in den zumeist mündlichen Überlieferungen Begebenheiten weitergegeben, die dann vom Erzählenden gelegentlich mit mystischen, wundersamen oder furchteinflößenden Gedankengut ausgeschmückt werden.

Auch die Legende vom Jungfernsprung ist eine mündliche und heute kaum nachvollziehbare Geschichte. Von dieser Erzählung gibt es zwei Versionen, von denen wir eine hier abgedruckt haben. Die zweite befasst sich mit dem selben Kern, nämlich den unverletzten Sturz (Sprung) in die Tiefe, dem jedoch eine andere Ursache zugrundeliegt. Hier soll das Mädchen von einem Burschen unsittlich bedrängt worden sein. Um ihre Unschuld zu verteidigen, sprang die „Jungfrau" demnach in die Tiefe.

Anderes Gedankengut wird uns aus der Zeit der Türkeneinfälle überliefert.

Die brandschatzenden und mordenden Reiterhorden der Türken machten auch vor unserem Land nicht halt. Als ein Teil dieser Horde auf den Sternberg zuritt, scheuten beim letzten Bildstock vor dem Aufgang zur Kirche die Pferde und gingen keinen Schritt weiter. So mussten sie umkehren, ohne den Kirchenhügel erstürmt zu haben.

Eine weitere legendenhafte Darstellung fand in einem Gemälde Niederschlag, das heute im Innenteil der Kirche aufgehängt ist. Das Bild zeigt einen Mann, der unter der Glocke liegend, sein Leben aushaucht. Dieser Bauer soll seine Frau durch eine angesägte Balkonbrüstung zu Tode gebracht haben, um fortan mit seiner Geliebten die traute Zweisamkeit genießen zu können. Beim Herunternehmen der Glocke soll sich jener Fluch erfüllt haben, mit dem die „Verunglückte" ihren Gatten belegte. Auch sollen sechs Generationen nach ihm durch körperliche oder geistige Gebrechen behindert sein.

Diese Überlieferung wurde der Autorin von ihrer Großmutter erzählt.

Maß:

1 Vierling = 4 Schaffeln
1 Schaffel = 18 Liter
Gewicht: 1 Vierling = 58-64 Kg.

Abkürzungen:

Grundherrschaft GH
Währungseinheit Gulden (fl) bis 1918 der 60 Kreuzer (xr) und
240 Pfennige (d) hatte.

Geburtentabelle Sternberg 1819-1830

Jahresz.	Anz. Geb.	Ehel.	Unehel.	n. Geb. Verst	Gesamt Pfarre *
1819	1	1	–	–	22
1820	3	2	1	1	13
1821	3	2	1	–	17
1822	1	1	–	–	13
1823	3	3	–	–	16
1824	6	4	2	1	16
1825	4	2	2	–	15
1826	4	3	1	–	16
1827	3	2	1	–	8
1828	–	–	–	–	12
1829	2	2	–	–	8
1830	2	1	1	–	9
Ges.	**32**	**23**	**9**	**2**	**165**

* beinhaltet die gesamten Geburten der Pfarre in diesem Zeitraum

Geburtentabelle Krottendorf

Jahresz.	Anz. Geb.	Ehel.	Unehel.	n. Geb. Verst
1819	3	1	2	–
1820	2	1	1	1
1821	1	1	–	–
1822	–	–	–	–
1823	5	3	2	–
1824	1	–	1	–
1825	2	1	1	–
1826	2	2	–	–
1827	1	1	–	–
1828	1	1	–	–
1829	–	–	–	–
1830	1	1	–	–
Ges.	**19**	**12**	**7**	**1**

Bis zur neuen Pfarrteilung im Jahre 1794 umfasste die Pfarre Sternberg folgende Ortschaften:

Sternberg mit 16, Weinzierl mit 8, Lichtpold (Lichtfeld) 9, Terlach 17, Stallhofen 19, Draboßen 4, sowie Laschein und Ragain zusammen 4 Hausnummern. Weiters gehörten aus der Ortschaft Oberwinklern bei Köstenberg die Hausnummern 2, 4 und 8 zur Pfarre Sternberg. Von Göriach gehörten die Häuser Nr. 8 und 10, aus Velden die Nr. 20, das Ulbinghaus Nr. 16 und vom Wrann die Häuser Nr. 18, 19, 26, und 41 zum Pfarrsprengel von Sternberg. Aus Deber (Pfarre Augsdorf bei Velden) waren es der vlg. Petschak Nr. 33, vlg. Kodal Nr. 34 und der vlg. Nemetz Nr. 35.

Das jetzige Gebiet der Pfarre Damtschach gehörte zum größten Teil zur Altpfarre St. Nikolai in Villach. Wahrscheinlich wegen der großen Entfernung wurde durch den bischöflichen *Commisar* und mit Zustimmung des Pfarrers Piestl eine eigene Pfarre in Umberg errichtet. Von 1723-1725 hatte sie eigene Matriken und wurde vom Pfarrer aus Sternberg mitprovidiert.

Blick vom grossen Sternberg gegen Mittagskogel

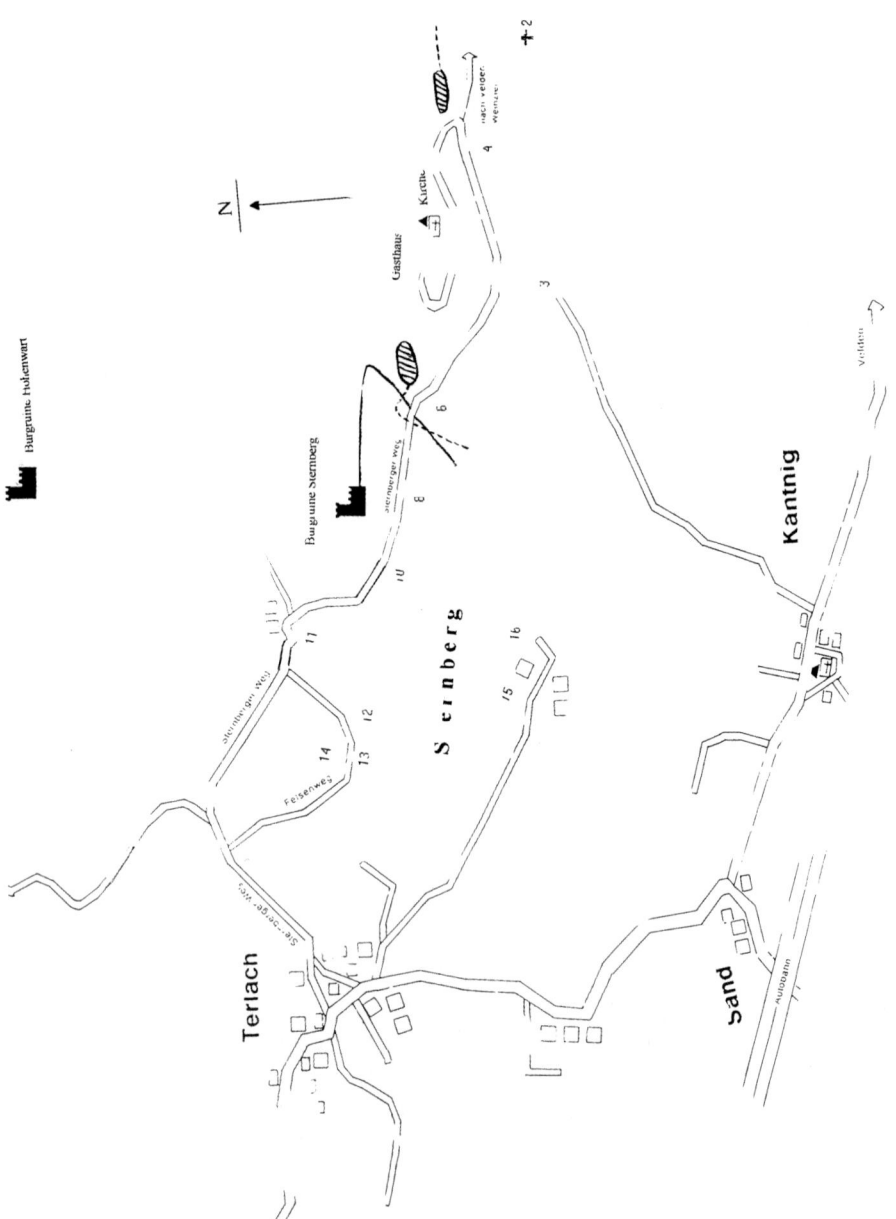

Nr. 1 und 2 Watzenig

GH: Damtschach-Aichelberg
Hube und Keusche

Die ersten urkundlichen Erwähnungen der Hube finden sich Mitte des 15. Jahrhunderts. 1461 erwirbt *Sigmund Kreuzer einen Hof „an der Schwarz-stätten" (nach dem Urbar von 1652 der zum Amt Damtschach zählende Waizenigg unter Sternberg Nr. 1).* Die Herrschaft Aichelberg-Damtschach war seit 1431 Lehen der Khevenhüller, die sich seit damals auch „von Aichelberg" nannten.

Als nächste Besitzer scheinen 1629 **Hannß Waizenig** und 1652 **Georg Waizenig**, ein Sohn des Hannß, auf. Als gräflich Khevenhüller´scher Grundholde dient Hannß Waitzenig:

	fl	ß	d
Geldt	1	51	2
Steuern	7	58	–
Rüstgeld	2	–	–
Robatgeld	2	–	–
(Summe)	13	49	2

Traidt	Vierling	Viertel	Maß
Waitz	2	3	–
Roggen	4	–	–
Habern	18	3	5
Klainrecht			
Huenner	6		
Ayr	60		
Fueder Mist	1		

1669 ist **Caspar Watzenig** *hintern Georgenberg* als Besitzer der Hube eingetragen. Caspar war mit **Maria,** +1691, verheiratet, die vermutlich die Tochter des Ambrosius Strugl ist. Der Ehe entstammten zumindest 3 Kinder, die alle vor 1686 geboren wurden. Georg, geb. um 1673, übernimmt später die Hube, Maria heiratet 1696 den Thomas S(ch)mid und Helena verehelichte sich 1700 mit Lucas Kramer aus Velden. Eine Agnes Wäzenig, geb. ca. 1683, +1743, die hier verstirbt, könnte eine Tochter des Caspar sein.

Caspar stellte sich auch für den Dienst in der Kirche zur Verfügung. Auf einer Inschrift in der 1586 angebauten Vorlaube, scheint sein Namen in Verbindung mit der Freskenmalerei auf. Caspar, der eine Funktion als Kir-

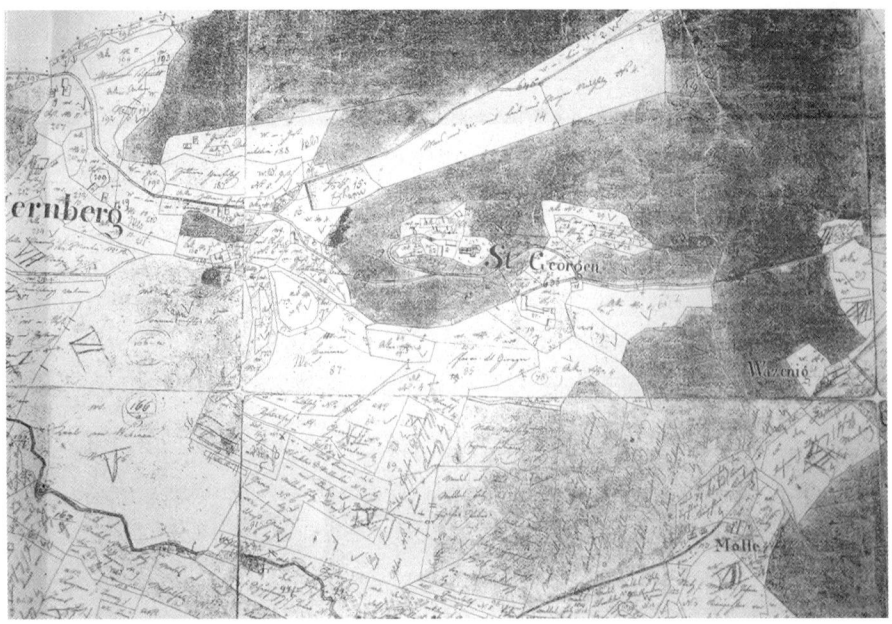

In Illyrien, Villacher Kreis Bezirk Landskron, 1826

chenkämmerer innehatte, dürfte also die Malereien aus der Kirchenkasse bezahlt haben.

Caspar erreichte ein für damalige Verhältnisse biblisches Alter und verstarb ungefähr 90-jährig im Jänner 1720.

1718 ist **Waitzenig Gregor** als Besitzer eingetragen. Mit seiner Frau Ursula hat er, wie aus den Taufmatriken hervorgeht, zwei Kinder: den 1706 geborenen Martin, der die Hube übernehmen wird, und die 1707 geborene
Magdalena.

Gregor bzw. Georg war aber nicht nur Bauer, sondern auch herrschaftli-
cher Beamter, denn in den Sterbematriken wird er als „Syndicus" bezeichnet, d.h. er war Verwalter einer Herrschaft, möglicherweise in Damtschach.
Gregor stirbt am 26. Februar 1740, 67-jährig. Drei Jahre danach endet das
Leben seiner Frau Ursula im Alter von 60 Jahren. Die erste Eintragung im
Trauungsbuch der Pfarre Sternberg den vlg. Wazenig betreffend bezieht sich
auf Catharina Waizenig. Diese Tochter von Gregor und der Ursula heiratet
am 31. Jänner 1745 den aus Kranzelhofen stammenden Mathias Katzian.
Möglicherweise hat sich das Paar in Kranzelhofen sesshaft gemach.

Über Agnes und Dyonisius Wazenig geben die Kirchenbücher nur über

70

den Tod der beiden im April 1743 60- bzw. 70-jährig Auskunft. Primus Wäzenig ist im Juli 1744 im Alter von 30 Jahren durch Tod abgegangen und Markus Wäzenig im Februar 1751 als 60-Jähriger verstorben.

Der seit Jänner 1737 als Besitzer eingetragene **Martin Wazenig** und seine Frau **Agneti** (Agnes), geborene **Bürger,** dürften die Eheschließung in einer anderen Pfarre vollzogen haben. Der Ehe entstammen 8 Kinder. Martin, geb. 1737, heiratet Ursula Feichter vlg. Anderlebauer aus St. Ulrich in der Pfarre St. Ruprecht am Moos und folgt dieser in ihre Heimat. Urban, geb. 1740, kauft im November 1763 von Thomas Kollmann die Wischer-Hube in Dröschitz Nr. 12, Philip, geb. 1742, Primus, geb. 1743, +1784, Johannes, geb. 1745, wird der neue Besitzer, Ursula, geb. 1746, Magdalena, geb. 1749, +1749, Primus, geb. 1750, und Jakobus, geb. 1753, +1766.

1784 stirbt der 80-jährige Martin Wazenig an Ugosta, und 1789 seine Frau Agnes im Alter von 76 Jahren.

Johann Watzenig, der nunmehrige Besitzer, ist mit **Katharina Kunstl,** vlg. Huainig aus Föderlach verheiratet. Johannes Wazenig sowie die bereits genannten Martin und seine Ehefrau Agnes sind Mitglieder der Arme Seelen-Bruderschaft in Sternberg.

Die Kinder Josef, geb. 1777, Martin, geb. 1780, Lucas, geb. 1784, +1784, Agnes, geb. 1786, Magdalena, geb. 1790, Lucas, geb. 1792, und Rupert, geb. 1796, werden in Sternberg geboren und getauft. Der 1792 geborene Lucas wird Besitzer der Verhofnighube und ehelicht im August 1819 die 23-jährige Klara Sakoparnig. Sie ist die Tochter des Michael aus Köstenberg und der Maria, geborene Rischor.

1791 hatte die Hube des Johann Wazenegg, die einst mehr als 200 Jahre als „zu Schwarzstetten" bekannt war, den Vulgarnamen Wazeneg Hube hinterm Georgenberg Haus Nr. 1 bekommen.

Am 22. März 1803 erfolgt eine *Schuldenrückzahlung von 12 fl an Johann Watzenig für vor langer Zeit verkaufte Ochsen, von Hanschitz in Maria Gail.* Diese Eintragung ist die letzte Nachricht über Johann Wazenig.

Der Erstgeborene **Joseph** wird, wie das bei einem Erbhof wie dem vlg. **Wazenig** üblich ist, Besitzer. Er ehelicht 1799 die **Ursula,** geborene **Baumgartner** vom vlg. Schodernig in Sand. Sohn Johann wird im April 1800 geboren. Nach kurzem Familienglück stirbt die Jungbäurin im Alter von 30 Jahren an Brand. 1803 schreitet Joseph erneut vor den Traualtar, um mit der 23 jährigen **Anna,** geborene **Draboßenig** aus Draboßen, die Ehe zu schließen. Sie ist die Tochter des Primus und der Maria, geb. Jesenig. Trauzeugen sind Johann

Geschwister Fischer 1909   Leihgabe: Fam. Margit und Ludwig Fischer

Kamnig, Bauer in Kantnig, und Stefan Koban, Keuschler in Laschein. Der
Ehe entstammen 4 Töchter. Maria, geb. 1803, Katharina, geb. 1806, +1807,
Margaretha, geb. 1807, +1854 beim vlg. Ruppnig in Fahrendorf, und Luzia,
geb. 1811.

Josef zeugt in einer unehelichen Beziehung 1805 einen Sohn Jakob, der
mit dem Familiennamen des Vaters im Taufbuch Lind eingetragen ist. Als
Wohnadresse des 2-jährig verstorbenen Jakob ist Kantnig 5, wohl der
Wohnort der Mutter, angegeben.

Die Schwiegermutter von Josef, Maria Draboßenig, endigt ihr Leben 1807,
66-jährig beim vlg. Wazenig.

Der 1800 geborene Johann endigt im Jänner 1868 als verwitweter Einwohner in Fahrendorf beim Ruppnig sein Leben.

Die Mutter der verstorbenen Ursula Baumgartner, Agnes Baumgartner,
Schodernigin, *vermacht ihrem Enkel im Dezember 1807 30 fl als Legat und
15 fl als eine Erbschaft.* Als Zeugen sind Mathias Schöffmann und Johann
Angerer angeführt. Josef Wazenig verlässt mit seiner Familie aus nicht näher
bekannten Gründen die Pfarre Sternberg und übersiedelt in die Pfarre Lind
ob Velden, wo er 1818 als Besitzer der Inzellekeusche in Fahrendorf eingetragen ist. *Ich bekenne für mich und all meine Erben, dass ich von der Ober-*

vormundschafts-Behörde meines Sohnes Johann, von diesen nach seiner Mutter Ursula Wazenig geb. Baumgartner angefallene Erbschaft, eine Summe von 357 fl als ein Darlehen zu meinen Händen baar bezahlt bekommen habe. Zur Sicherheit dieses Kapitals verschreibe ich meine obbesagte Inzellekeusche zu Fahrendorf.

Damit endet die knapp 200 jährige Familiengeschichte beim vlg. Wazenig am Sternberg.

Josef Reichmann, geb. um 1794, ist 1816 Besitzer beim Wazenig. Er ist der Sohn des Mathias vlg. Jesenig aus der Pfarre Lind. Im Juli 1816 hat er mit **Maria Raunegger** aus Windischberg (St. Martin am Techelsberg) in der Pfarrkirche zu Techelsberg die Ehe geschlossen. Maria bringt drei Mädchen und einen Sohn zur Welt. Anna, geb. 1820, Thomas, geb.

vlg. Watzenig um 1920
Leihgabe: Fam. Margit und Ludwig Fischer

1823, Agnes, geb. 1825 und Ursula, geb. 1827. Obwohl Maria Reichmann 500 fl als Heiratsgut und 200 fl an Wiederlag in die Ehe einbringt, erleidet die Familie finanziellen Notstand, so dass eine Versteigerung der Watzenig-Hube unausweichlich wird. Zu den Gläubigern zählt auch Barbara Kuchler, verehelichte Wrann, die im März 1830 kurz vor der Versteigerung für 200 fl 1 Joch und 95 Klafter *Wiese beim Bach* erwirbt.

Hauptgläubiger in diesem Insolvenzverfahren sind die Herrschaft Damtschach und Kühnegg (Steuerschulden). Auch die Dienstboten Rupert Bürger, Theresia Andritz und Magdalena Zwanzger, die zusammen noch 8 fl an Arbeitslohn zu erhalten haben, stellen ihre Forderungen. Nikolaus Zitterer vom vlg. Gräfitsch in Sternberg *meldet für seine Ehegattin Anna die Außen*stände aus einem Schuldbrief vom 10. Dezember 1825 mit 100 fl an.

Insgesamt belaufen sich die *Phasiven* auf 1088,29 fl.

Auszüge aus dem *Feilbiettungs-Protokoll*
Über die den Josef Reichmann gehörige Watzenig-Hube Haus Nr. 1 zu Sternberg, samt damit einverleibten zur Herrschaft Kühnegg unterthänigen

vlg. Watzenig um 1940   Leihgabe: Fam. Margit und Ludwig Fischer

unausfindigen Zulehen, aufgenommen auf Ansuchen des Thomas Schöff-
mann durch seinen Bevollmächtigten Johann Weiß Ececutor-Führer wegen
schuldigen fl, durch das Bezircksgericht Landskron am 29. März 1830 im
Orte der Realität.

Der Ausrufungspreis beträgt 400 fl Thomas Dermautz und Gregor Korath,
Mesner zu Tamtschach treiben den Kaufpreis bis 455 fl in die Höhe, ehe Philipp Taschwer in die Versteigerung eingreift und mitzubieten beginnt. Gregor Korath steigt bei 475 fl aus. Thomas Dermautz erlegt sein letztes Ange-
bot bei 490 fl 30 kr. Zuletzt bietet Philipp Taschwer 491 fl.

Nachdem bis über ein virtel auf 1 Uhr noch mehrere Anbothe gelegt wur-
den, so verblieb Philipp Taschwer vlg. Kreulitsch zu Bach für seinen 20jähri-
gen Sohn Lukas Taschwer um ein Meistboth von 506 fl C.M. fünbfhundert
sechs Gulden, Ersteher der Watzenighube samt einverleibten und unausfin-
digen Zulehen zu Sternberg.

Wonach das Protocoll mit der Erstehung gefertigt wird, das so sich Reich-
mann schon vor der Licitation vom Haus begeben habe.

74

Unterzeichnende:

F. Hanschitz m.p. Bezirksrichter
Simon Dalmatiner, Ausrufer
Adam Schöffmann, Zeuge
Mathias Suppik, Zeuge
Jarbing, Pfleger der Herrschaft Tamtschach
+++ Philipp Taschwer, Ersteher für seinen Sohn
Lukas Taschwer
N.P. Lesjak, Namensfertiger

Josef ist scheinbar nach St. Martin am Techelsberg übersiedelt. Sein Sterbeeintrag beim vlg. Lebitschnigg, das Elternhaus seiner Frau Maria, datiert mit 5. Dezember 1870.

Der nächste Wazenigbesitzer ist **Lukas Taschber**, Sohn des Philip vom vlg. Kreulitsch aus Bach bei Lind und der Magdalena geborene Pettauer. 1831 schließt er mit **Elisabeth,** geborene **Sobe** die Ehe. Sie ist die Tochter des Barthl Sobe, Besitzer der Haßhube in Fahrndorf, und der Katharina, geborene Baumgartner. Die Zwillinge Barbara und Anna, geboren 1832 sterben wenige Tage nach der Geburt. Auch Thomas, geb. 1833, sollte das 2. Lebensjahr nicht vollenden. Anna, geb. 1835, heiratet im März 1861 den vom vlg. Jaklitsch aus Neudorf stammenden 24-jährigen Caspar Trapp und Maria, geb. 1836, verehelicht sich mit Johann Fischer.

Damit ist der Verbleib des Namens Taschwer auf dieser Hube nicht mehr gegeben.

Mit seiner Frau Elisabeth übersiedelt Lucas Taschwer 1873 zum vlg. Trauntschnig, wo sie auch ihren Lebensabend beschließen.

1870 scheint **Johann Fischer**, Sohn des Peter und der Eva, geb. Prantner, als Besitzer auf. Die Eheschließung mit **Maria** erfolgte 1855 beim vlg. Kandolf in Kantnig. Das Ehepaar Fischer ist vermutlich in diesem Jahr auf die Wazenighube gezogen. 13 Kinder gehen aus dieser Ehe hervor. Ihre beim vlg. Kandolf geborenen Kinder Maria und Elisabeth sterben 1858 bzw. 1859. Maria-Elisabeth heiratet zum vlg. Heber in Krottendorf, Stefan, geb. 1861 wird das Anwesen übernehmen, Magdalena, geb. 1866, bekommt 1889 Felix. Vater ist Johann Piber, vlg. Wrantschnik aus Krottendorf. Die Eheschließung erfolgte am 3. September 1890. Kaspar, geb. 1872, scheint sein Glück woanders gefunden zu haben.

Anna wird 1872 im Alter von 9 Jahren am Sternberg zu Grabe getragen, Georg, geb. 1870 erlernt das Hafnerhandwerk und verstirbt bereits 30-jährig beim vlg. Heber in Krottendorf. Anna, geb. 1873, +1939, bekommt am 20. August 1896 Sohn Jakob und heiratet Mathias Mayer aus Krottendorf, Paulus, geb. 1875, +1948, Ludwik, geb. 1879, und Monika, geb. 1881.

1888 schließt Maria Fischer mit 51 Jahren für immer die Augen. Johann Fischer übergibt am 27. Mai 1891 den Hof an Sohn Stefan Fischer und bezieht die zur Hube gehörige Keusche. Der von Johann Tschebull, k.k. Notar in Villach erstellte Übergabevertrag beinhaltet: *die Pflege und Wartung an gesunden und kranken Tagen, jährlich 160 l Weizen, ebensoviel Türken, und ebensoviel Heiden, zehn Kilo Speck, fünf Kilo Schmalz, fünf Kilo Schweinefett, zehn Kilo Salz, einen halben Brühling und fünfundzwanzig Kilo Wurst, zwei Klafter weiches Holz, gescheitert zum Hause gestellt, ein Paar Bundschuhe, ein weißes Leinenhemd, dann wöchentlich einen Laib Roggenbrot, täglich einen Liter frische Milch und endlich jährlich ein Zehrgeld von zwanzig Gulden.* Die minderjährigen Kinder Georg, Kaspar, Paul, Anna, Margarethe, Magdalena, Ludwig und Monika erhalten das Wohnungsrecht in der Watzenig-Huben und der dazugehörigen Keusche, solange sie ledig sind und das 24. Lebensjahr nicht vollendet haben.

Es ist nicht genau bekannt, wann der ehemalige Besitzer Johann Fischer aus der Badstube bei der Wazenighube ausgezogen ist. Sein Sterbeeintrag beim vlg. Heber in Krottendorf stammt aus dem Jahre 1905.

Betrachtet man die Sterbeeinträge, so wird bewusst, wieviel Leid zu ertragen der Mensch im Stande ist. Die Magd Maria Tomaschitz hat hier beim Watzenig innerhalb eines Jahres 3 Kinder verloren. Zwei davon sterben wenige Stunden nach der Geburt und Thomas am 10. Dezember 1834 knapp 5-jährig.

Dass **Stefan Fischer** und seine Frau **Ursula Kleber** vor der Übernahme der Wazenighube in einer anderen Pfarrgemeinde gelebt haben, zeigt der Umstand, dass weder ihre Trauung noch die Geburt des Sohnes Jakob, der später den Besitz erbt, in den Pfarrbüchern von Sternberg eingetragen sind. Lediglich die Geburt von Maria am 7. November 1893 ist hier verzeichnet. In einer Urkunde vom 28. März 1894 scheint Kaspar Fischer auf, der als Knecht beim vlg. Struckl in Terlach den Erhalt des Erbteiles in Höhe von 210 fl 26 kr aus der Watzenig-Hube, in Gegenwart der Zeugen Lukas, Sereinig vlg. Thumer, in Stallhofen und Johann Fischer, Auszügler an der Watzenig-Hube in Sternberg, bestätigt. Die zwischenzeitlich verheiratete Maria Böcheim und die anderen Kinder bestätigen nach und nach den Erhalt ihres Erbanspruches.

Die Schwester von Jakob Fischer, Maria, bringt im April 1915 Tochter Franziska und im Mai 1918 Sohn Willi zur Welt. Im Februar 1919 heiratet sie dann Franz Gabelier und lebt zumindest um 1919 beim vlg. Gräfitsch.

Ursula Fischer stirbt 1925 an Altersschwäche. Ihr Mann Stefan ist zum Zeitpunkt der Heirat seiner Tochter Maria als verstorben eingetragen.

Jakob Fischer wird zum Militärdienst eingezogen. Als er nach dem 1. Weltkrieg unversehrt nach Hause kommt, heiratet er am 16. November 1919 in der Pfarrkirche zu Sternberg die vom vlg. Malle stammende **Karoline Käfer**. Trauzeugen sind: Valentin Kaufmann und Heinrich Sachs. Karoline ist die Tochter des Urban, der von der Schoberhube in Kerschdorf stammt. Der Ehe entstammen: Jakob-Peter, geb. 1920, Karolina, geb. 1921, +1922, Kristian, geb. 1923, Steffan, geb. 1925, +1986, sowie die Zwillinge August und Ludwig*, geb. 1934, der spätere Besitzer.

Im 2. Weltkrieg wird die Familie neuerlich auf eine harte Probe gestellt. Nicht nur die beiden Söhne Kristian und Steffan müssen zum Militärdienst, auch der Vater Jakob wird, als schon alles verloren scheint, zu den Waffen gerufen. Nachdem Jakob von einer schweren Verwundung genesen ist, kehrt er heim. Kristian und Steffan kommen unmittelbar nach Kriegsende nach Hause.

Der Familien- bzw. Vulgarnamen Wazenig (Wäzenig, Waizenigg, Watze-

Fischer-Kinder vlg. Watzenig um 1939
Leihgabe: Fam. Margit und Ludwig Fischer

Fam. Fischer vlg. Watzenig 1959
Leihgabe: Fam. Margit und Ludwig Fischer

nig) findet in einigen Urbaren (Grundbüchern) Niederschlag. Beim vlg. Sugger in Ebenfeld Gemeinde Techelsberg am Wörthersee scheint 1670 ein *Georg Waizenigg, Sohn des verstorbenen Vorbesitzers Ruep Waizenigg,* als Besitzer auf. *Vielleicht kam die Familie von der gleichnamigen Hube in Sternberg.*

Auch in Vassach bei Villach und in anderen Orten treffen wir mit der Bezeichnung Watzenig-Keusche auf diesen Namen.

1980 wurde das alte Obergeschoß des Bauernhauses abgebrochen. Hölzerne Teile wurden im Feriendorf Seeleiten in Oberaichwald zur Errichtung eines Ferienhauses wiederverwendet.

Die Familie Fischer ist mittlerweilen mehr als 130 Jahre in Sternberg Nr. 1 sesshaft. Mündliche Überlieferungen, dass sich die Familie zwischen Mitte bis Ende des 19. Jahrhunderts mit der Steinbierherstellung befasst hat, finden bisher keinen schriftlichen Nachweis.

Vermutlich entstammt auch ein Gründer der Villacher Brauerei (1858) dieser aus Kantnig stammenden Familie.

Gäste bzw. Dienstboten beim vlg. Wazenig

Unter den Todesfällen findet sich der Name **Dyonisus Tepan**, der im November 1740 als 40-Jähriger stirbt. Er wird wohl als Knecht hier tätig gewesen sein.

Johannes Prandtner und **Gertrudis Wäzenig** bekommen am 22. Oktober 1747 Tochter Agnes.

Philip Sereinig, Knecht *allhier,* hat mit **Agnes Schützin**, Tochter des Johann und der Ursula, geb. Kramerin, im Juni 1809 Tochter Theresia bekommen.

Am 19. Juli 1825 deutet die Eintragung im Sterbebuch auf das tragische Ende des erst 14-jährigen **Vinzenz Zitterer**. Dechant am Sternberg, Andreas Sereinig, bemerkt *dazu „ ... fiel vom Baum und war entseelt."*

Johann Lienzer und Maria **Tomaschitz**, ledige Magd beim Wazenig, bekommen Sohn Valentinus Tomaschitz, geb. 1827.

In der Wazenig-Keusche lebt um 1840 **Oswald Sakoparnig** mit seiner Frau **Maria**. Tochter Maria erblickt am 24. März 1840 das Licht der Welt. Später werden wir die Familie beim vlg. Malle antreffen.

Johann Katholnig, Einwohner, Sohn der Barbara, und **Maria Thumer**, Tochter des Matthäus und der Maria werden am 13. September 1841 Eltern des Sohnes Mathias.

Philip Schwan, 75 Jahre alter Einwohner, stirbt am 19. April 1843.

Die Magd **Elisabeth Kaiser**, Tochter der Barbara aus St. Nikolai, bekommt im Mai 1923 Tochter Barbara und im November 1924 Leopold, +1924.

Alois Cappelaro aus der Steiermark, der als Unteroffizier bei der Deutschen Wehrmacht eingerückt war, heiratet am 14. Jänner 1945 in der Pfarrkirche zu Sternberg die 22 jährige Landarbeiterin **Karoline Käfer**. Sie ist die Tochter der Barbara, Wirtschafterin in Kerschdorf. Ihre Tochter Erika wird kurz nach Kriegsende geboren.

Die Badstube brennt 1955 ab und wird danach geschliffen.

*Ludwig Fischer und sein Zwillingsbruder August werden am 13. August 1934 im Landeskrankenhaus Klagenfurt geboren.

Nach der Grundschulausbildung erlernt Ludwig den Maurerberuf und absolviert Kurse, die ihm zum Sprengmeister ausbilden. Seinen Haupterwerb bildet jedoch die Landwirtschaft, die er nach der Hofübernahme 1964 weiterführt.

Im November 1961 heiratet Ludwig in der Pfarrkirche Maria Wörth die aus Ragain stammende Stefanie-Margit Keuschnig.

Zwischen 1960 bis 1965 verdient sich der Landwirt nebenberuflich als Landmaschinenvertreter.

Kameradschaft und Geselligkeit führen ihm 1950 zur FF Lind, wo er 1964 zum Feuerwehrkommandant gewählt wird. Dieses Amt führt Ludwig bis zum Ende seiner aktiven Laufbahn durch und ist seit 1979 Ehrenkommandant.

Der zweifache Familienvater hat sich auch um das Wohlergehen seiner Heimatpfarre verdienstbar gemacht. Als Kirchenrat beginnt seine Laufbahn 1964. Von 1978 bis 1990 ist Ludwig Kirchenkämmerer. Ein Meilenstein seines Lebens ist wohl die Glockenweihe in Sternberg im Juli 1980, wo unter anderem auch seine Frau als Patin auftritt.

vlg. Malle um 1920   Leihgabe: Fam. Smounig

vlg. Malle um 1936   Leihgabe: Fam. Smounig

80

Malle Nr. 3 und Badstube Nr. 17

GH: St. Georgen Unterthan
Halbhube, Badstube

Der Vulgarname Malle leitet sich vom slowenischen „mali", das heißt „der Kleine", ab. Unter anderem erscheint auch in Oberwinklern Nr. 5 vlg. Malle dieser Name zwischen 1580 bis Dezember 1771 in der Besitznachfolge.

Der Malle in Sternberg gehörte zur privilegierten Schichte der Edlingerbauern, deren Vorhandensein bereits vor dem Jahr 1000 angesetzt wird. Diese Privilegien waren rechtliche sowie wirtschaftlicher Natur und bedeuteten niedrigere Steuerleistungen und eine eigene niedere Gerichtsbarkeit. Vermutlich handelte es sich hierbei um Wehrbauern, die im Kriegsfall verpflichtet waren, dem Landesherzog oder einem Burgherrn Gefolgschaft zu leisten.

Die erste urkundliche Erwähnung datiert mit 1639. Zu diesem Zeitpunkt besitzt **Urban Malle** die Halbhube. Ihm folgt 1680 **Vinzenz Malle**. Am 12. März 1688 *verehrt nach absterben Mälle sein Sohn* **Gregor Maälle** *das Halbhübl und gibt 21 fl Ehrung und 2 fl Leykauf.* 1696 heißt der Besitzer **Jakob Malle**.

Im September 1741 stirbt ein **Antonius Malle**, wohl ein Besitzer, im Alter von 75 Jahren. 1753 besitzt **Ulrich Malle** das Anwesen unterm Sternberg. Mit 22. Oktober 1753 findet sich der Sterbeeintrag von Margarethe Mallin ohne Altersangabe. Obwohl es durchaus üblich war, die Personen in den Kirchenbüchern und Urbaren mit dem Vulgarnamen einzutragen, kann angenommen werden, dass die Hube wenigstens über vier Generationen in Besitz der selben Familie geblieben ist. Zu Mitte des 18. Jahrhunderts wechselt, möglicherweise nach Absterben der männlichen Linie, der Familienname.

1756 ist Peter Pirger, der spätere Besitzer, Vater von Antonius geworden. Mutter ist Magdalena Mallin, vermutlich eine Tochter des Antonius.

Peter Pürger ist 1787 als Besitzer eingetragen und lebt dort in zweiter Ehe mit seiner Frau **Ursula**, geborene **Supigg**. Ihre Tochter Maria, die später das Anwesen übernehmen wird, ist vor 1771 geboren. Die Kinder, Martin, geb. 1771, ist 1798 Besitzer des vlg. Illitsch in Weinzierl, (sein Sohn Antonius scheint später beim vlg. Hoisl in Zauchen als Besitzer auf) und Ursula, geb. 1775, werden in Sternberg geboren und von Pfarrer Matthäus Orempegg getauft. Peter Pirger betreibt auch die Schwarzhafnerei. Dieses Gewerbe war in allen Landesteilen weit verbreitet und wurde bis gegen Ende des 19. Jahrhunderts ausgeübt. Aus einer noch erhaltenen gerichtlichen Bestätigung von 1792 geht hervor, das die *Mallehube* in Sternberg das Recht zur Ausübung dieses Gewerbes hatte.

Im Mai 1788 stirbt Peter Pirger. Ursula Pirger, verstirbt 1796, 61-jährig.

Martin Illasch, der **Maria**, eine Tochter von Peter Pirger, geheiratet hat, scheint als nächster in der Besitznachfolge auf. Er ist der Sohn des Ulrich, ein Hafnermeister, der die Illitschkeusche in Weinzierl besitzt.

Zwischen 1789 und 1801 gehen aus dieser Ehe 7 Kinder hervor. Der Erstgeborene Antonius, geb. 1789, erliegt 1794 an den Blattern. Luzia, geb. 1790, +1790, Catharina, geb. 1792, Bartholomäus, geb. 1794, erliegt 3-jährig den Fraißen, Maria, geb. 1796, ein notgetaufter Knabe stirbt im September 1800 unmittelbar nach der Geburt, und Antonius, geb. 1801.

Der Vater von Martin Illasch, Ulrich, +1804, hat den Lebensabend mit seiner Frau Maria, +1806, beim Malle am Sternberg verbracht.

Als nächsten Besitzer treffen wir auf **Anton Stotz,** der vor 1801 mit seiner Familie möglicherweise in der Pfarre Gottestal gelebt hat. Er stammt vom vlg. Möllner an der Drau und ist mit **Barbara Walluschnig** verheiratet. Aus der Ehe gehen fünf Kinder hervor. Johann wird die Nachfolge antreten, Maria, geb. 1793, heiratet den Bestandsmann der Müllnerkeusche in Weinzierl, Magdalena, geb. 1799, +1801, Magdalena, geb. 1801, +1831, ist die erste geprüfte Hebamme am Sternberg und Andreas, 1804, +1804. Magdalena, die wie bereits angesprochen, eine Ausbildung als Geburtshelferin hat, war wohl selbst Mutter. Das „Mutter" sein war sozusagen der Grundstein zur Ausbildung, da nur eine Frau, die selbst entbunden hatte, nach damaliger Auffassung Hilfestellung bei einer Geburt leisten kann.

Vater Anton stirbt im Alter von 53 Jahren 1814. Seine Frau Barbara, die auch, jedoch ungeprüft, als Hebamme tätig war, erreicht ihr Lebensende im Februar 1838 mit beachtlichen 80 Jahren.

Johann Stotz, der von seinem Vater die Realität übernommen hat, heiratet 1829 die **Maria Gunder,** geb. um 1799, +1876, aus Pritschitz. Die Braut bringt 270 Gulden *Heyratsgut* in die Ehe ein. Der Verbindung entstammen 2 Knaben und 2 Mädchen. Martin, geb. 1829, +1889, übernimmt im Erwachsenenalter die Halbhube, Agathe, geb. 1833, entbindet 1855 Tochter Maria, +1859, Anna, geb. 1835, bekommt 1858 Sohn Martin, +1858, und Johann, geb. 1837.

1846 stoßen wir auf **Oswald Sakoparnig,** geb. um 1782, der uns bereits als

Knecht beim Wazenig gegenüber getreten ist. Er ist der Sohn des Jakob und der Elisabeth, geborene Wazenig, und mit **Maria Quender** verheiratet.

Nach dem Tod von Johann übernimmt er als Vorhauser die Führung des vlg. Malle, bis Martin die Volljährigkeit erreicht hat.

Zwei Töchter erblicken 1846 das Licht der Welt. Apollonia, die noch im selben Jahr an der Ruhr verstorben ist, und Maria.

Oswald Sakoparnig endigt nach einem arbeitsreichen Leben 75-jährig 1857. Der Name Quender wird uns in späterer Folge noch mit dem Jungfernsprung in Sternberg in Erinnerung gerufen. Ein Verwandschaftsverhältnis zu jener Anna Quender wurde jedoch nicht nachgeprüft.

Maria Sakoparnig, eine Tochter des Oswald und der Maria, bringt 2 Kinder zur Welt. Elisabeth, geb. 1861, +1861, und Maria, geb. 1868. Der Vater von Maria, Ulrich Bramer arbeitet als Knecht beim Deutschbauer in Umberg. Mutter Maria bleibt ledig und stirbt als Einwohnerin 1896 auf diesem Anwesen.

Im Erwachsenenalter bezieht ihre Tochter Maria die zur Halbhube gehörige Badstube. Sie entbindet dort am 17. Juli 1894 Anna und am 4. Februar 1896 Helena.

Am 24. November 1850 heiratet der Malle-Besitzer **Martin Stotz** die aus der Pfarre Lind stammende Hebamme **Maria Aichwald**. Als Trauzeugen sind Martin Fille, vlg.

Rosalia Ritsch, 1918   Leihgabe: Fam. Smounig

Ferdinand Smounig, 1944
Leihgabe: Fam. Smounig

Storoutz, und Thomas Spendier angeführt. Maria ist die Keuschlertochter des
Josef in Lind und der Magdalena, geborene Jellitsch. Das Ehepaar bringt zwischen 1851 bis 1866 fünf Kinder zur
Welt. Paul, geb. 1851, hat seinen Ge-
burtsort verlassen, Maria, geb. 1853, heiratet 1881 den aus Finkenstein stammenden Ferdinand Wiggihser, Elisabeth, geb. 1857, +1859, Genoveva, geb.
1861, wird Besitzerin, und Florian, geb.
1866, verstirbt 1884 im Spital St. Veit.

Genoveva, die um 1889 den vlg. Malle
besitzt, heiratet am 10. Juni 1889 den **Urban Käfer**. Ihren unehelichen Sohn
Adam, der in einer anderen Pfarre geboren wurde, muss Genoveva 1880, nur
sechs Wochen alt, zu Grabe tragen.

Martin Stotz, der sein ganzes Leben
hier verbracht hatte, stirbt im Alter von 60 Jahren, im April 1889, seine Frau
Maria 1898.

Urban Käfer stammt von der Schoberhube in Kerschdorf. Der Verbindung
mit Genoveva, geborene Stotz, entstammen 8 Kinder. Florian, geb. 1884,
dürfte in den 1. Weltkrieg gezogen sein und wird am 15. September 1915 für
tot erklärt, Anna, geb. 1888, Maria, geb. 1890, +1984 in Velden, Andreas,
geb. 1891, Christian, geb. 1892, Juliane, geb. 1894, +1894, Karolina, geb.
1895 und Barbara, geb. 1897.

Franz Aichholzer scheint 1894 als Besitzer des vlg. Malle auf. Er ist der
Sohn der Anna, einer Einwohnerin beim Malle. Der Ehe mit **Magdalena
Lepuschitz,** +1957, entstammen Simon, geb. 1899 in Sternberg, von Maria
und Johann findet sich in Sternberg kein Geburteneintrag, Blasius, geb.
1894, der spätere Besitzer und Franz.

Franz Aichholzer verstirbt im Juni 1911 im Alter von 48 Jahren. Filipp, der
Schwiegervater von Franz, stammt aus Köstenberg. Er stirbt 78-jährig im Dezember 1912 beim vlg. Malle.

Tochter Maria entbindet im Jänner 1908 Sohn Franz. Vater ist der Bundesbahninvalide Johann Katholnig. Die weiteren Kinder Maria, geb. 1914, Franziska, geb. 1915, Wilhelm, geb. 1917, Antonia, geb. 1918 und Blasius, geb. 1926, leben gemeinsam mit den Eltern, die am 15. Mai 1927 heiraten, in der Badstube.

Sohn Franz, Sohn des Franz und der Magdalena, wird Schuhmachergehilfe und heiratet 1919 Katharina Rumpold. Sie stammt aus Stallhofen und ist die Tochter des Franz und der Franziska, geb. Sereinig. Sohn Johann wird am 6. Februar 1927 geboren. Später übersiedelt das Ehepaar nach Lind ob Velden, wo Franz eine Einmann Dachziegelei betreibt.

Johann, ein Sohn des Franz und der Magdalena, lebt später mit Magdalena

Leopold Aichholzer, 1944
Leihgabe: Fam. Smounig

Majovsek in der Badstube. Ihr Sohn Johann wird am im Juni 1911 hier geboren.

Kurz nach dem unseligen Anschluss an das Deutsche Reich heiratet der Maurer Franz Aichholzer, Sohn der Maria Aichholzer und des Johann Katholnig, die 24 Jahre alte Eisenbahnertochter Maria Happe. Er wird zum Wehrdienst eingezogen und fällt am 23. Jänner 1942 bei Schukino, östlicher Kriegsschauplatz.

Nach dem plötzlichen Tod seines Vaters übernimmt 1912 der minderjährige **Blasius Aichholzer**, die Minderjährigkeit wird 1918 aufgehoben, den vlg. Malle. Sieben Jahre vor dem tödlichen Verkehrsunfall des Blasius, 1927, wird sein Bruder Simon Besitzer.

Am 12. April 1920 heiratet der 21-jährige **Simon Aichholzer** die aus Laastadt bei Arriach stammende 22-jährige **Rosalia Ritsch,** die eine uneheliche Tochter, Theresia, mit in die Ehe bringt. Rosalia war zuvor im Gasthaus Kussian in Kantnik als Aushilfe beschäftigt. 1930 erhielt das Ehepaar die Konzession zur Bewirtschaftung der Gaststätte „Messnerei" am Sternberg.

Die Kinder Stefanie, geb. 1921, Leopold-Ferdinand, geb. 1924, Aloisia, geb. 1926, Pauline, geb. 1928, Katharina, geb. 1929, die Zwillinge Egydie-Stefanie, Emilie-Angelika, geb. 1931, und Rosalia, geb. 1934 werden allesamt in Sternberg geboren. Die Kinder besuchen die Schule am Sternberg, wobei die Jüngeren, nach deren Schließung, in Lind ihre schulische Ausbildung beenden.

Nebenbei erhält Simon Aichholzer 1933 die Bewilligung zum Abbau von Kalkgestein, hinter dem Anwesen Malle. Gemeinsam mit der italienische Firma Lorenzzini wird dort Kalk abgebaut und ein Teil davon in einem zum Haus gehörenden Kalkofen gebrannt und in einer Kalkgrube gelöscht.

1946 heiratet der 22-jährige Tischlergehilfe Leopold-Ferdinand Aichholzer die 24-jährige Sophie Ulbing. Die Zwillinge Gertrud und Ursula-Franziska werden im Jänner 1948 geboren.

1944 taucht erstmalig der Name Smounig beim vlg. Malle in Sternberg auf. Der Malergehilfe **Anton Smounig**, der zu diesem Zeitpunkt in Norwegen im Fronteinsatz steht, verehelicht sich mit **Stefanie Aichholzer**. Zwei Kinder entspringen dieser Verbindung. Anton, geb. 1944 und Ingeborg Elisabeth, geb. 1949.

Aloisia Aichholzer heiratet im August 1948 den Bruder von Anton, Gregor Smounig, geboren 1921. Gregor ist 1940 zur Deutschen Wehrmacht eingezogen worden. Vom Villacher Westbahnhof zum 3-wöchigen Ausbildungslager in Buchheim und danach über Schweden nach Norwegen bis Russland, waren die Stationen seines bewegten Lebens als Frontsoldat.

Mit dem zur Legende gewordenen Gebirgsjäger-Regiment 139 kämpfte er in Narvik, Kirkines, Bezamo und Murmansk. Im Oktober 1947 ist er aus russischer Gefangenschaft zurückgekehrt. Auf dem Weg zu seinem Bruder Anton begegnete er am Villacher Hauptbahnhof Aloisia, die ohne vom Verwandschaftsverhältnis zu wissen, jenes Stück Brot mit ihm teilte, das in weiterer Folge zur Teilung eines ganzen Lebens reichen wird. Sohn Alois wird im Dezember 1948 geboren.

1946 gründete Simon Aichholzer mit seiner Rosalia, geborene Ritsch, die Gastwirtschaft. Rosalia wurde zu einem Synonym für den allseits beliebten Kirchtag beim Smounig. Stets in Tracht und mit guter Laune, verstand sie es, ihre Gäste aufzuheitern und so manchen aufkommenden Streit zu schlichten. Die Schläge ihres Mutterherzens verstummten 1988, 26 Jahre nach dem Tod ihres Mannes. Unter großer Anteilnahme der Bevölkerung wird sie in Sternberg zur letzten Ruhe gebettet.

86

Dienstboten, Gäste bzw. Badstubenbewohner

Im Juni 1837 bringt **Maria Kackel** Tochter Emma zur Welt.

Agnes Foith, eine Tochter des Vinzenz und der Maria, geb. Floriant-schitsch, ist mit Sohn Mathias am 7. April 1846 beim Anwesen Malle als Einwohnerin in der Badstube im Taufbuch Sternberg eingetragen. Mathias stirbt jedoch wenige Tage nach der Geburt.

Das Ehepaar **Maria** und **Lorenz Rosenwirth** verbringt hier als Einwohner ihren Lebensabend und sterben 1870 bzw. 1872 in der Badstube.

1890 schließt der Einwohner **Johann Stroh** im Alter von 62 Jahren für immer die Augen.

Am 23. Februar 1904 wird Johann in der Badstube geboren. Er ist der Sohn des **Josef Wultsch,** eines Kaufmannsgehilfen, der zu dieser Zeit in Amerika weilt. Seine Frau **Theresia,** geb. **Fleischhacker,** kann sich jedoch nur kurz ihres Mutterglückes erfreuen. Johann stirbt im März 1905.

Während der schweren Wirtschaftskrise in der Zwischenkriegszeit bezieht **Franziska Katholnig** die Badstube. Mit dem aus Seebach bei Villach stam-

Rosalia Aichholzer, geborene Ritsch, 1978   Leihgabe Fam. Smounig

menden **Josef Hraschan** bekommt sie im Oktober 1934 Tochter Frieda und im September 1938 Maria-Franziska. Im Mai 1940 heiratet das Paar.

Die uneheliche Tochter der Rosalia **Ritsch, Theresia,** bekommt am 24. 4. 1940 Tochter Anna-Marie. Sie wird später mit dem aus Lind stammenden Mauerer Andreas Gräfitsch eine Partnerschaft eingehen und nach dem Krieg 1946 Sohn Andreas-Johann das Leben schenken.

Die Tochter des Johann **Katholnig, Antonia,** lebt zumindest zwischen 1943 bis 1946 gemeinsam mit dem aus Innsbruck stammenden Hilfsarbeiter **Hermann Kob,** in der Badstube. Ob Hermann Kob zum Wehrdienst eingezogen wurde, ist uns unbekannt. Ihre gemeinsame Tochter Elvira wird im Juli 1943 im Krankenhaus Villach geboren. Die Geburteneintragung eines weiteren Kindes Sylvia-Petronella, geb. 1946, ist ohne Vaterschaft.

Der 1917 geborene **Wilchelm Katholnig** lebt mit **Franziska,** geb. **Schimitz,** in der Badstube beim vlg. Stourotz. Das Paar heiratet dort am 22. Jänner 1938. Franziska ist die Tochter des bereits verstorbenen Josef und der Klementine, geb. Sereinig. Im Jänner 1940 wird ihre Tochter Dorothea in der Badstube beim vlg. Malle geboren.

Pfarrhof Nr. 4

GH: St. Georgener Unterthan
Pfarrhof und Keusche

Der Barockbau (Stilrichtung des 17. Und 18. Jh.) steht auf historisch äußerst wertvollen Boden. Gleich anschließend in östlicher Richtung befindet sich das so genannte Messnerfeld, auf dem, wie bereits in der Schulgeschichte von Sternberg angesprochen, zahlreiche keltisch-römische Funde zu Tage traten.

Dem Pfarrhof angehörig war auch eine Mühle, dessen Lage sich heute kaum mehr eruieren lässt. Den Hinweis für diese Mühle liefert uns ein Zinnseintrag von 1588, in dem Georg Schneider 35 kr bezahlt.

Pfarrhof und Kirche, 2002   Foto: H. Pucher

Der Pfarrhof war jedoch nicht nur Wohnstätte des Geistlichen, sondern bot gelegentlich auch Unterstandslosen eine Heimstatt, wie wir in weiterer Folge noch sehen werden.

Während der Amtszeit von Matthäus Orempegg (1762 bis 1799) beginnen hier die Eintragungen im Sterbebuch, den Pfarrhof betreffend, mit Jakob Nagele, der aus der Pfarre Lind stammend, hier im März 1794 im Alter von 62 Jahren gestorben ist. Neben Pfarrer Orempegg war auch ein Kaplan namens

Valentin Orempegg mit dem Seelsorgedienst hier beauftragt. Während seiner Amtszeit wurde die *Arme Seelen-Bruderschaft in Sternberg* 1772 gegründet, die in diesem Jahr 161 Mitglieder zählte.

Nach dem Tod von Pfarrer Orempegg, im Februar 1799, übernahm kurzfristig der Damtschacher Kurat Johann Butalo die Pfarre Sternberg, ehe dann noch im selben Jahr Pfarrer Andreas Sereinig seinen Dienst hier antritt.

Die Erträge aus Ackerbau und Viehzucht lieferten das Notwendigste für den Unterhalt des Pfarrers. Steuern in Form von Naturalien, Tagesarbeiten (Robot) und Geldbeträge bildeten eine zusätzliche Einnahmequelle.

In mehreren Jahrhunderten lebten zahlreiche Geistliche mit ihrem Dienstpersonal (Köchin, Knecht, Magd udgl.) in diesem Haus, dem auch eine Landwirtschaft angehört.

Einige Personen, die uns namentlich bekannt wurden und hier einen Teil ihres Lebens verbrachten, sind nachstehend angeführt.

Am 12. April 1804 stirbt ein Bettler namens Josef Sieger im Alter von 80 Jahren. Im Dezember 1805 endigt Maria Ogradnig ihr Leben. *Der getreuen und Gottesfürchtigen Pfarrersköchin geben 6 Geistliche das letzte Geleit,* vermerkt dazu Pfarrer Sereinig.

Der Maler Franz Luggensteiner erliegt im Jänner 1806, 62-jährig, einer Lungenentzündung. Im Dezember des selben Jahres stirbt 90-jährig Dorothea Luggensteiner, Dienerin aus Maria Saal, und im Februar 1822 die Gästin Theresia Luggensteiner im Alter von 62 Jahren. Inwieweit hier ein Verwandschaftsverhältnis vorliegt, wurde nicht nachgeprüft.

1812 wurde Andreas Sereinig zum Dechant des Oberen Rosentales bestellt, womit ihm auch die Aufsicht über das Schulwe-

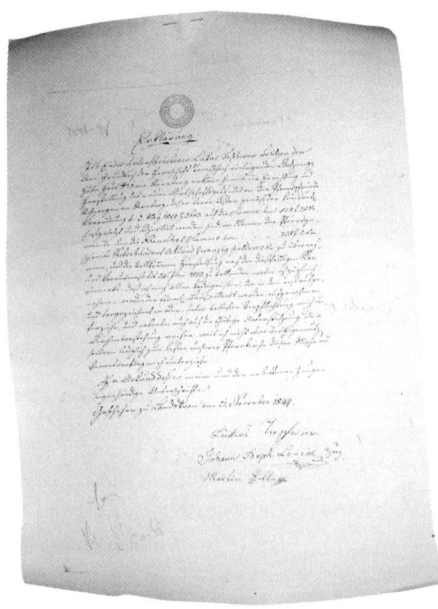

Kostenvoranschlag des Lukas Taschwer, für die Errichtung des Wirtschaftsgebäudes beim Pfarrhof, vom 21. November 1849

sen in diesem Gebiet übertragen wurde. Sereinig, der fast 3 Jahrzehnte in Sternberg tätig war, verstarb 1827.

Kurzfristig übernahm der Provisor Peter Sticker die Pfarre Sternberg, ehe er 1828 von Johann Lesjak abgelöst wurde. Dieser hatte zuvor als Kaplan in St. Stefan bei Finkenstein gewirkt. Johann Baptist Lesjak wurde 1865 durch Valentin Link ersetzt. Lesjak verstarb am 23. Dezember 1871 im Alter von 83 Jahren und wurde am 25. Dezember von Dechant Tomašič sowie 10 Geistlichen und einer unüberschaubaren Menschenmenge am Sternberg begraben.

Hochwürden Isidor Wuzella wurde am 21. Dezember 1871 von Dechant Tomašič eingesegnet und 10 Geistlichen begraben.

19 Jahre lang war Valentin Link Pfarrer am Sternberg und Dechant von Oberrosental, ehe er im April 1891 von 11 Geistlichen aus den Nachbarpfarren zu Grabe getragen wird.

Um 1899 arbeitet Maria Wenzel als Küchenmagd bei Pfarrer Valentin Matheuschitz. Ihre Tochter Maria erliegt in diesem Jahr nur 5-jährig an Magenkatharr.

Wenige Zeilen haben sich von jenem Ereignis erhalten, das sich in der Heiligen Nacht des Jahres 1899 zugetragen hat. *Am 24. 12. 1899 kam am Abend Walburga Wedam in den Pfarrhof zu Sternberg mit der Bitte um ein Nachtlager und wurde nachts von einer Tochter, mit den Namen Katharina, im Stall entbunden. Josef Anderwald Hadernsammler aus Villach, derzeit unterwegs in der Steiermark, hat sich als Vater bekannt und sie haben am 04. 05. 1915 die Ehe geschlossen.*

Diese Zeilen mit etwas Phantasie ummantelt und ausgeschmückt, reichen aus, um Geschichten zu erzählen, wie sie wohl nur das Leben schreiben kann.

Pfarrer Karl Maraček 1920

91

Stolar von der Pfarre St. Georgen am Sternberg

Von der Copulation

Für die Copulation und hl. Mess	2 fl
für das Verkünden	20 kr
Zur Ausstellung des Verkündschein	20 kr
Zur Aufnahme des Aufgebohts, wenn die Copulation (Trauung) in einer anderen Pfarre vorgenommen wird	30 kr

Der Bräutigam gab den Messner seit urdenklichen Zeiten eine „Halbe Maß" Wein.

Von den Taufgebühren: Messner:

Für das Taufen ist nichts	
Zur Einschreibung	20 kr
Für Ausstellung des Tauf. Todt, oder Copulationsscheines	30 kr
Zur Vorsegnung der Wöchnerin	7 kr

Von Begräbnissen.

Zur Bestattung eines Bauern. Keischler Kindes	15 kr
Ein Condukt in der Nähe	15 kr
Seelen Recht von einen Bauern	1fl 15 kr
Seelen Recht von einer Bäurin	1fl
Seelen Recht von Keuschler oder Keischlerin	30 kr
von Kindern, Dienstboten, Einwohnern	15 kr
Seelenamt	45 kr
Seelen-Messen	30 kr
Wenn eine Leichen-Red verlangt wird	1 fl

Für Geläut und Beleuchtung — 24 kr

Mit drei Glocken	18 kr
Mit zwei Glocken	12 kr
Für Vigil 30 kr Libero 15 kr	45 kr
Den Messner für Auß, Zu, Begräbniss und Vigil läuten von jeder Glocke 3 kr	48 kr
Den Messner für sämtliche Verrichtung bei der Oktav	24 kr

Nachdem die alte Stollordnung bei der vormals bestandenen Maire Wernberg verloren
gegangen, so ist diese mit Ein-
verständnis der Ausschussmän-
ner und Kirchenkämmerer, wie
es seit undenklichen Zeiten
hier üblich war, errichtet, und
wird neu zusammen geschrieben und ohne Beschwerde-
führung erhoben werden. In
Urkund dessen sind nahstehen-
de Unterschriften gegeben. St.
Georgen am Sternberg den
30ten May 1818.

Rupert Supigg, Mathias Supigg, Namensfertiger und Georg Pramischellnig Außschuss.
Joseph Aichelberg Pfleger und
Vogtverwalter.

Theophil Hensel um 1970

1639 werden 34 Kirchenunterthanen genannt.

1753 werden 42 Kirchenunterthanen genannt.

1815 findet sich eine Aufstellung der Ein-bzw. Ausgaben.

Realitätenzinsung	15 fl 49 kr 3 d
Zins und Zechntgetraid	286 fl 24 kr 1 d
Summe aller Empfänge	2.897 fl 24 kr 2 d
Ausgaben	156 fl 34 kr

1830 liegen die Einnahmen bei 2.768 fl 52 kr 3 d.

1830 wurde von Baumeister Josef Kleewein die Friedhofsmauer und der
Aufgang renoviert. Kosten 39 fl. Im selben Jahr reparierte der Maurermeister
Urban Pachritsch die Kirchturmuhr um 1 fl 40 kr.

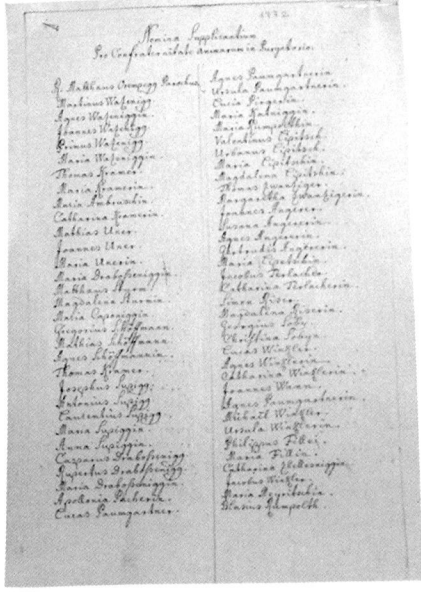 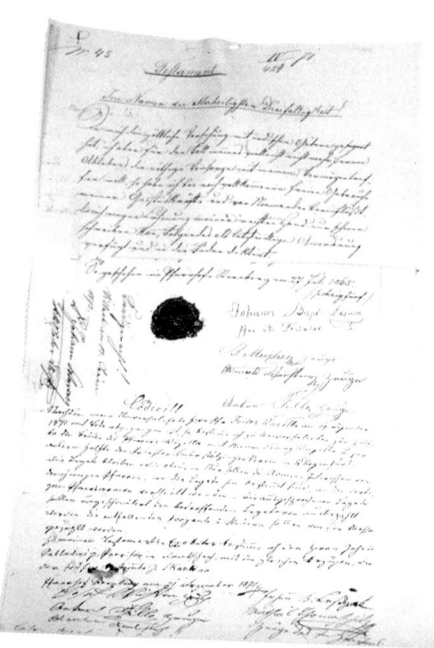

Namenliste der „Armen-Seelen-Bruder-   Testament von Johann Bapt. Lesjak Juli
schaft" 1772   1865

Der hölzerne Teil des Wirtschaftsgebäudes beim Pfarrhof war im Laufe der
Jahre baufällig geworden. Zwischen 1848 bis 1850 wurde der Neubau in Angriff genommen. Für die Errichtung des Holzaufbaues veranschlagte der Zim-
mermeister Christian Tischler die Summe von 2477 fl 14 ¹/₂ d.

Dies war den Kirchenverantwortlichen dann doch zuviel, und so wandten
sie sich an Lukas Taschwer vom vlg. Watzenig, der sich bereit erklärte, zum
Wohle der Pfarrgemeinde dieses Bauvorhaben um 728 fl 2 kr durchzuführen.
Als Termin für die Fertigstellung ist der 24. Juni 1850 genannt.

Der letzte Pfarrer, dem dieses Haus Wohnstätte war, Theophil Hensel, lebte bis zu seinem Tod hier und führte auch die Landwirtschaft. Da ihm keine
Landmaschinen zur Verfügung standen, halfen ihm die Bauern der umliegenden Besitzungen bei der Feldarbeit.

Heute befindet sich das Anwesen im Privateigentum des Lungenfacharztes
Dr. Samer.

Theophil Hensel wurde am 26. April 1901 in Ostroppa/ Oberschlesien geboren. Nach dem Priesterseminar erhielt er am 29. Juni 1932 von Fürstbischof Dr. Adam Hefter, im Dom zu Klagenfurt die Priesterweihe.

1934 trat Hensel seinen Dienst als Provisor in der Pfarre Sternberg an. Neben seiner Tätigkeit als Seelsorger und Religionslehrer wurde er 1935 vom Gemeinderat in das Gremium der Jugendrichter bestellt, dem auch Ignaz Orasche, Oberlehrer in Damtschach, Reginald Flick aus Gottestal, und Johann Jörgen, Professor in Föderlach, angehörten.

Im Juli 1944 wurde er von Johann Lex abgelöst. Während der Zeit des 2. Weltkrieges wohnt Hensel im Pfarrhof in Damtschach.

Am 15. Juli 1945 sollte Pfarrer Hensel neuerlich auf den Sternberg zurückkehren, diesmal für immer.

Neben seiner Tätigkeit als Seelsorger war er auch mit den Aufgaben eines Religionslehrer in der Schule in Damtschach betraut.

In den 60-er Jahren betreute Hensel auch die Pfarre Damtschach mit ihren Filialkirchen in Umberg und Ragain. Pfarrer Hensel bewohnte den Pfarrhof unter dem Sternberg, wo er von seiner Schwester betreut wurde. Nach dem Tod dieser ihm sehr nahe stehenden Person lebte Hensel allein in diesem großen Barockbau, wo er auch Landwirtschaft betrieb.

In die Jahre gekommen, fiel ihm der Dienst in der Kirche schon schwer. Besonders arg war es in den Wintermonaten. Zum einen war es der beschwerliche Fußmarsch zur Kirche hinauf und zum anderen bot sich kaum eine Möglichkeit, den Innenraum der Kirche zu beheizen. Trotzdem richtete sich die Dauer der Messe nach Anzahl der Besuchenden. War die Kirche erst einmal voll, war dem passionierten Pfarrer in Ausübung seiner Pflicht keine Messe zu lange.

Der Mann des alten Schlages war aber auch für seine Hilfsbereitschaft bekannt. Das gute Herz in seiner Brust konnte es nicht ertragen, wenn Menschen Not litten. Schlitterte eine Familie in wirtschaftliche Probleme, half Hensel gern und unbürokratisch.

Am 3. Februar 1975 verstirbt er im Alter von 74 Jahren auf der Kellerstiege des Pfarrhofes. 41 Jahre lang hat er die Geschicke seiner Pfarre geleitet, 41 Jahre seines Lebens verbrachte er am Sternberg, der auch seine letzte Ruhestätte wurde.

Messnerei Nr. 5

GH: St. Georgener Untertan
Keusche

Die erste Überlieferung erscheint uns 1648 im Verkaufsurbar – Landskron. In diesem Jahr *Clagt Prantnerin ihren Eydam* (Schwiegersohn) **Christof Plöschner** *genannt den Messner am St. Georgsberg um willens von ihm eine Übergabsschuld alsdan 10 fl. Er ist geständig, erstens zur Auffahrt* (Christi-Himmelfahrt) *und die zweite Hälfte zu Frohnleichnam völlig versprochen.*

1735 scheint der aus Stallhofen stammende **Leonhard Wornig** (Wurnig) als Messner auf.

Der Taufpateneintrag von **Ursula Hörmann** 1737 ist gleichzeitig die erste Überlieferung des aus der Pfarre Lind stammenden Familiennamen Hörmann. In weiterer Folge scheinen **Urban,** +1756, und seine Frau Ursula noch mehrmals als Paten, und hier vor allem beim vlg. Wazenig, auf.

Der Sohn des Urban und der Ursula, **Martin Hörmann,** geb. 1756, bewohnt mit seiner **Frau Maria,** geborene **Huainig,** die zur Kirche gehörende Messnerei am Sternberg. Fünf der sieben Kinder werden zwischen 1763 bis 1773 am Sternberg geboren. Agnes, geb. 1763, bekommt mit dem Schuster

Jakob Schwarz am 24. Dezember 1787 Tochter Eva. Georg, geb. 1765, Thomas, geb. 1766, Elisabeth, geb. 1769, +1828, und Urban, geb. 1773, der spätere Messner. Magdalena geb. 1757, +1757 sowie Simon geb. 1761, +1761.

Am 22. Jänner 1798 stirbt Maria Hörmann 66-jährig an Wassersucht. Ehemann Martin folgt ihr im Mai 1804. Gemeinsam haben sie fast 4 Jahrzehnte lang den Messnerdienst in der Pfarrkirche versehen.

Thomas Hörmann, der Sohn des Martin und der Maria, heiratet am 14. Mai 1803 die 28-jährige **Maria Kenzian**, deren Vater die Puscherkeusche in der Kurazie Damtschach bewirtschaftete. Trauzeugen sind Rupert Supigg, vlg. Premischelnig, und Hans Josef Krautbauer, der aus Ragain stammt. Vorher ersuchte er die Herrschaft um *Hyratserlaubnis, sich mit einer Bucher Tochter zu Rauth zu verehelichen.* Zusammen erleben sie die ersten Jahre des Schulbetriebes, der durch Pfarrer Andreas Sereinig eröffnet wird. Ihre Kinder Bartholomäus und Apolonia werden 1804 bzw. 1806 geboren. Thomas Hörmann scheint in den Kirchenbüchern von Sternberg von nun an nicht mehr auf. Seine Frau Maria verstirbt im Juni 1814 49-jährig an Nervenfieber.

Urban Hörmann, der Sohn des Martin und der Maria, hat wohl nach dem Tod seines Bruders Thomas die Messnerstelle am Sternberg übernommen. Sein Ersuchen an die Herrschaft, sich mit **Agathe Weinzierl** *Dienstmagd beim Herrn Dechant zu Sternberg sittsam zu verehelichen,* ist mit 19. Februar 1808 datiert. Die Ehe wurde in einer anderen Pfarre, möglicherweise Köstenberg, geschlossen. Agathe, geboren im Dezember 1768, stammt aus der Pfarre Köstenberg und ist die Tochter des Michael, vlg. Smretschnig und der Kunigunde. Im März 1809 bzw. im Juli 1813 werden die Kinder Marianne und Barbara geboren. Ihre 3. Tochter Anna, der wir später beim Lötternig begegnen, dürfte in jener Pfarre geboren sein, in der das Paar zuvor gelebt hat. Urban, der den Messnerdienst in der Kirche versieht, stirbt im Mai 1829 55-jährig beim vlg. Lötternig, wo auch seine Frau Agathe am 4. Dezember 1841 für immer die Augen schließt. Aus der ersten Ehe von Agathe mit Mathias Nagele stammt Anton Nagele, der spätere Lehrer in Sternberg.

Antonius Nagele wird am 7. August 1818 geboren. Er ist der ledige Sohn des 21-jährigen **Anton Nagele** und der Elisabeth Gallung aus Weisenbach. Diese Verbindung dürfte jedoch für beide nicht zur Eheschließung ausgereicht haben, da Anton am 22. Juli 1838 die vlg. Schmiedtochter **Maria Widmann**, Tochter des Anton und der Maria, heiratet. Als Trauzeugen sind der Kopitnigkeuschler Oswald Buchwalder und Urban Mayer vom vlg. Trauntschnig angeführt. Am 10. April 1839 wird ihr Sohn August geboren, der im Juli des selben Jahres an Schwäche verstirbt.

Kegelscheiben am Sternberg   "Bums-Radezky" (Thomas Jellitsch) mit
                    Leihgabe Fam. Koffu   Sommergast   Leihgabe: Fam. Koffu

Im August 1840 wird wieder ein Sohn geboren, der auf den Namen Augustin getauft wird. Auch dieser stirbt ein halbes Jahr später. So häuft sich die Kindersterblichkeit auch in dieser Familie. 1842 ein notgetauftes Knäblein, 1847 Josef Nagele, der nur 6 Tage alt wird. Die Kinder Felix und Franziska werden im Mai 1843 bzw. im Mai 1845 geboren. Anton Nagele, der seit 1837 seinen Dienst als Messner in der Pfarrkirche ausübt, übernimmt im Jahr 1847 auch die Lehrerstelle in der „Hochschule", kann diese jedoch nur kurz ausführen und wird noch im selben Jahr geisteskrank. Er wird beim vlg. Schmied aufgenommen und verstirbt im März 1853. Seine Frau Maria zieht zum vlg. Lötternig. Sein Sohn Antonius aus der Beziehung zu Elisabeth Gallunger, versuchte sein Glück als Musikant und Tagelöhner, ehe er am 20. September 1849 nur 31-jährig an Schlagfuß verstirbt.

Dass über Lehrpersonal am Sternberg auch nach der Zerstörung der Unterlagen noch Aussagen gemacht werden können, verdanken wir den Aufzeichnungen in den Kirchenbüchern. So scheint **Primus Sturm** auf, der hier mit **Theresia,** geborene **Woschitz,** aus Malenitzen, Tochter Anna zur Welt bringt. Primus stammt aus Oberjeserz und ist der Sohn des Valentin, eines

Keuschlers. Tochter Anna wird nur 13 Monate alt und verstirbt am 16. März 1877 an Fraißen.

Der Messner **Jakob Florianz,** Sohn des Jakob und der Maria, geborene Rumpold von der Florianzhube in Gottestal ist zumindest zwischen 1885 bis 1897 in der Kirche zu Sternberg tätig . Seine Frau ist **Anna,** geborene **Scharwitzel,** und stammt aus Ragain. Im September 1885 wird Tochter Anna geboren. Der Sohn Albin, geb. 1887, stirbt wenige Monate nach der Geburt. Jakob, geb. im Mai 1889, wird am 1. September 1890 in Gottestal zu Grabe getragen. Zwischenzeitlich dürfte die Frau des Jakob verstorben sein, da 1895 Karoline, geborene Kovačič, als Mutter des Johann, geb. 1895, +1895, eingetragen ist. 1897 erleidet Karoline eine Totgeburt.

Über **Anton Rösch** haben wir schon im Aufsatz zur Schule gehört. Mit **Anna,** geborene **Fischer** aus Kantnig, Tochter des Peter, bekommt er am 28. Dezember 1886 Tochter Berta und am 7. Juni 1888 Sohn Hubert. Geheiratet haben sie am 22. November 1886 in Sternberg. Die Familie Rösch verlässt 1888 die Schule am Sternberg und zieht nach Damtschach, wo Anton die Stelle eines Oberlehrers antritt. Danach leitete er bis 1909 die Schule in Lind ob Velden. Von Tochter Anna wissen wir, dass sie am 27. Juli 1943 in Villach stirbt.

Kurz nachdem **Andreas Suppik** die Schulleitung am Sternberg übernommen hat, verehelicht er sich mit der 19-jährigen **Anna Haas.** Trauzeugen sind Valentin Struckl aus Trabenig und Johann Haas aus Damtschach. Andreas, der zuvor in Damtschach unterrichtete, ist der Sohn des Paul von der Mayernighube in Umberg. Anna stammt aus Damtschach, wo ihr Vater Mathias gemeinsam mit der Josefa, geborene Glaser, ein Wirtshaus betreibt.

Im März 1889 wird ihr Sohn Lampert geboren.

Am 26. Juli 1892 wird Anna Pöcheim geboren. Sie ist die Tochter des aus Haimburg stammenden **Franz Grobelnitz,** dessen Vater Florian dort eine Bauschlosserei betreibt. Mutter der Anna ist **Agnes Pöcheim.** Sie wurde in Gotschuchen geboren, wo ihr Vater als Goldschmied tätig war. Franz Grobelnitz arbeitete um 1892 als Aushilfslehrer in der Schule am Sternberg.

Am 24. Februar 1894 ehelicht der aus Emmersdorf stammende **Ludwig Mikl, Margarethe Roßmann,** eine Tochter der Schuschnighube in Kantnig. Die Trauzeugen: Franz Mikl, Pfarrer in St. Philippen und Franz Roßmann, Magazin-Aufseher der k.k Stadtbahn in Knittelfeld. Ludwig Mikl, dessen Vater zu diesem Zeitpunkt bereits verstorben ist, ist um 1894 mit der Schulleitung am Sternberg betraut.

Kegelbahn beim Gasthaus „Messnerei"   Leihgabe: Fam. Koffu

Der aus Kleindörfl, Markt Griffen, stammende Organist und Messner **Anton Leuko** heirtatet am 5. Juni 1896 **Magdalena Hutzl**. Sie ist die Tochter der Magdalena, Hutzelbäurin in St. Martin am Techelsberg. Trauzeugen sind Johann Reitz, vlg. Terlacher, und Johann Morokutti, vlg. Malle, beide aus Terlach.

Die hohe Kindersterblichkeitsrate spiegelt sich auch im Familienleben des Organisten und Messners **Klemen Tschebull** wieder, der nach Anton Leuko den Dienst in der Kirche versieht. Der Eheschließung mit der 31-jährigen **Apollonia Reichmann** von der Rauschhube in Weinzierl am 26. November 1899 folgt im März 1902 Josef Cyrill, der wenige Monate später verstirbt. Im August 1903 wird die Natur in ihrer unbarmherzigen Auslese das Familienglück der Tschebulls erneut zerstören. Erst die im Dezember 1904 geborene Barbara scheint im Sterbebuch von Sternberg nicht mehr auf.

Josef Reichmann ist der Sohn des Franz und der **Theresia,** geborene **Domajsek**. Der Organist bewohnt mit Maria Schwarz die Messnerei am Sternberg. Maria ist die Tochter des Valentin und der Maria, geborene Dragaschnig. Im März 1906 wird Tochter Maria geboren und im Juli 1907 Sohn Henrik.

Der Organist **Johann Josche** scheint als Nächster in der langen Reihe der Bewohner des Messnerhauses auf. Zusammen mit **Maria Lavrinz**, Tochter

100

Vorm Gasthaus Messnerei um 1970   Leihgabe: Fam. Alois Tschofenig

des Martin und der Theresia, geborene Jakopitsch, bekommen sie am 12. Juli 1908 Maria und am 10. August 1909 Ferdinand, der knapp ein Monat später verstirbt. Die 69-jährige, aus Tiffen stammende Theresia Lavrinz, die am 15. Februar 1912 das Zeitliche segnet, ist die Mutter der Maria.

Der Heiratseintrag von **Anton Schöffmann** datiert mit 14. April 1918. An diesem Tag hat er mit **Agnes Mayer** aus Lichtpold den Bund fürs Leben geschlossen. Der 26-jährige Organist und Messner ist der Sohn des Johann und der Katharina, geborene Tautscher, aus Töschling am Wörthersee. Am 26. November 1918 wird Anton geboren, der im Dezember des selben Jahres zu Grabe getragen wird.

Der Schuhmachermeister **Michael Moser**, dessen Mutter Maria aus Tiffen stammt, betreut nun als Messner die Kirche. Seine Frau **Anna Koban** ist die Tochter des Andreas und der Maria geborene Tscheinig. Am 24. Mai 1924 wird Stefanie geboren und am 20. September 1925 die Zwillinge Maria und Anna die am 14. November des selben Jahres sterben.

Als der Lehrer Tschinkel zu Ostern 1928 zum Leiter der Volksschule in Maria Elend bestellt wurde, übernahm **Alois Kollman**, der zuvor als Lehrer in Rosenbach tätig war, die Volksschule am Sternberg und zog mit seiner Frau Maria-Juliane in das Schulgebäude. Alois Kollmann, Sohn des Kristian und der Anna, geborene Reinwald, ist im Februar 1904 in Sternberg geboren. **Maria-Juliane,** geborene **Schreiber,** ist die Tochter des Josef und der Augusta, geborene Schütter aus Knittelfeld. Tochter Anna-Maria erblickte am 9. Oktober 1929 am Sternberg das Licht der Welt. 1931 kommt Adolf Gabron als zweite Lehrkraft an die Schule und unterrichtet kurzzeitig gemeinsam mit Alois Kollmann im abwechselnden Vor- bzw. Nachmittagsunterricht die Schüler.

Die Familie Kollmann verlässt im Frühjahr 1931 Sternberg und Alois Kollmann übernimmt die Stelle als Oberlehrer in St. Nicklas an der Drau.

Dienstboten, Gäste

Am 17. April 1802 ist **Ursula Strugglin** 62-jährig an Altersschwäche abgegangen.

1805 verstirbt die 65-jährige **Margarethe Holzer** an Brand.

Matthäus und Antonius Nagele werden 1817 bzw.1821 geboren. Sie sind die Kinder von **Johann Kornbauer,** der als Knecht beim vlg. Messner arbeitet und der **Maria Nagele,** die als Magd beim vlg. Wirt in Köstenberg beschäftigt ist. Matthäus stirbt 10 Tage nach der Geburt an Fraißen. Maria ist die Tochter der Agathe, geborene Weinzierl, und entstammt aus deren er-

Fr. Piber mit Damtschacher Volksschulklasse, um 1968

sten Ehe mit Mathias Nagele. Später wird uns Maria noch beim vlg. Sternberger begegnen.

Die 49-jährige **Apolonia Weinzierl** endigt im Mai 1820 ihr Leben.

Im März 1831 ist eine **Maria Luggensteiner** im Alter von 80 Jahren durch
Tod abgegangen.

24. Jänner 1896 findet sich der Sterbeeintrag von **Barbara Rumpold**, die
75-jährig an Altersschwäche verstorben ist.

Am 23. Februar 1903 stirbt die 44-jährige **Anna Mareschnig** aus Griffen.

Barbara Truppe stirbt am 20. Mai 1913 82-jährig.

Am 26. 10. 1921 wird **Regina**, die Tochter von **Maria Liebnig**, geboren.

Lorenz Schaschl stammt vom Deutschbauer in Krottendorf. Seine Frau
Julliane, geborene **Raunig,** ist die Tochter des Fabriksarbeiters Josef und der
Anna, geborene Struckl. Tochter Maria-Lilibeth wird am 18. April 1937 im
Schulhaus geboren.

Der bei der Deutschen Reichsbahn angestellte Lokheizer **Josef Neuschit-
zer** hat mit seiner Frau **Anna Scholin** die Wohnung im Schulhaus bezogen.
Am 30. April 1944 wird ihre Tochter Waltraud-Cecilia geboren.

Das Schulgebäude wurde in den 80-er Jahren des vorigen Jahrhunderts ge-
neralsaniert und dient heute als Pfarrhof.

Der einstige Messnerwohnsitz, der schon seit langem auch als Jausensta-
tion diente, wurde endgültig zu einem Gasthaus umgestaltet. Im September
1908 befürwortet der Gemeindevorstand von Wernberg den Ausschank von
geistigen Getränken. Im April 1949 erhielt die Pfarre die Gewerbekonzes-
sion. Thomas Jellitsch geb. 8. März 1894, pachtete in den 50-er und 60-er
Jahren des vergangenen Jahrhunderts die Gastwirtschaft. Mit seinem Aus-
spruch „Bums-Radezky" war er bei der einheimischen Bevölkerung und den
Urlaubsgästen dermaßen bekannt, dass eine Grußkarte aus Deutschland mit
der Adresse, „An den Wirt von Sternberg Bums-Radezky", prompt den Weg
zu ihm fand.

Tagtäglich zu jeder Jahreszeit machte sich der Messner und Wirt auf den
beschwerlichen Weg von Laschein (östlich von Sternberg) nach Wernberg,
um die Wirtschaft mit frischen Nahrungsmitteln zu versorgen. Ende der 60-
er Jahre beendete Jellitsch seinen Dienst als Messner und verstirbt im Dezember 1970.

Das Gasthaus erfreut sich nach wie vor größter Beliebtheit und ist ein gerne angenommenes Ausflugsziel für Jung und Alt.

Letternig Nr. 6

GH: St. Georgen Unterthan
Keusche

Letternigkreuz 2002 Foto: H. Pucher

Im Jahre 1694 wird der vlg. Letternig erstmals erwähnt. In diesem Jahr *dient Blaßy Rumpold* anniezo (jetzt) *Christanig genannt 7 kr und 3 d. 1740. „.... verehrt* **Steffan Rumpoldt** *nach absterben seines Vaters Blaßy Rumpoldt die Keischen ob den Sternberger Teich bei der Gatter Freystüttlich. Ehrung 8 fl Leykauf 1 fl* Elisabeth, eine Tochter des Mathias Rumpold aus Sternberg, schließt 1744 mit Johanna Weiß aus Kranzelhofen den Bund fürs Leben.

1757 stossen wir auf **Thomaß** und seine Frau **Barbara Lötternig**. In diesem Jahr, am 3. Oktober erblicken die Zwillinge Valentin und Maria das Licht der Welt.

Am 7. Juli 1756 stirbt **Laurenz Lötternig,** dessen Sterbeeintragung ohne Altersangabe versehen ist.

1747 scheint **Caspar Traboßnig** als Besitzer des vlg. *Lötternig* auf.

Am 24. September 1778 bittet Caspar Traboßnig *unterthänigst die Herrschaft zwecks hohen Alters,* die Keusche *an seinen mittleren Sohn* **Paul Traboßnig** *verehren zu lassen. Rustical Gab mit 47 kr. Domicial 4 Tage Roboth = 3 fl 55 kr 3 d Ehrung 12 fl Gräfin Leykauf 1 fl Zeugen: Hannß Weißmann in Zauchen und Georg Gamnig Schloß Landskron.* Gelegentlich wurden die Besitzer mit dem Vulgarnamen in Kirchenbücher eingeschrieben.

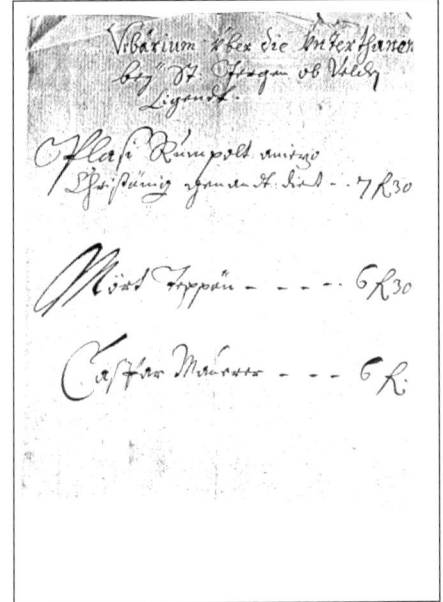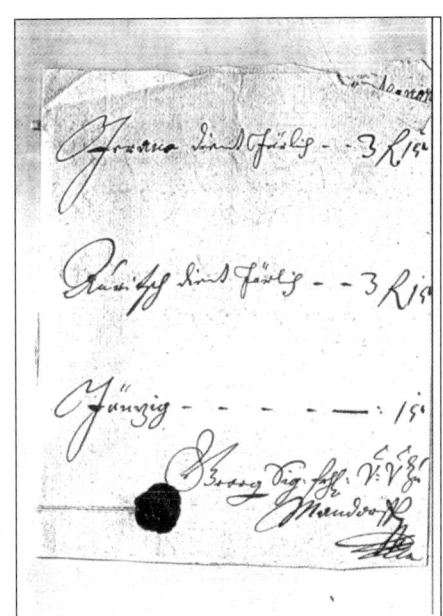

Abgabenverzeichnis aus dem Jahre 1694   Archiv: Orsini-Rosenberg

Der tatsächliche Familienname erscheint dann eher zufällig in irgendwelchen Niederschriften.

Bei der am 19. Mai 1793 im Alter von 70 Jahren ledig verstorbenen Maria Draboßneg könnte es sich und die Schwester von Caspar Draboßneg handeln, der 1795 78-jährig an Schlagfuß erliegt.

Caspars Sohn **Bartholomäus**, der nunmehrige Besitzer, bekommt mit Barbara, geb. Kramer vom vlg. Inzele in Fahrendorf, Sohn Bartholomäus, der 3 Monate nach seiner Geburt im Oktober 1797 verstirbt. Bartholomäus, der einstige Besitzer des vlg. Lötternig ist im Juli 1823 durch Tod abgegangen. Seine Frau Barbara, +1839, verehrt 1824 das Anwesen, verkauft aber die Realität im selben Jahr um 130 Gulden an **Urban Hörmann (Hermann)**.

Urban, der uns als Messner hier bereits gegenübergetreten ist, bezieht mit seiner Frau und den beiden Töchtern Marianne und Barbara nun die Letternigkeusche.

Nach dem Hinüberscheiden des Urban 1829 wird seine Tochter Anna den Besitz erben. Mutter Agathe ist *Vormünderin* und Anton Widmann vom vlg. Schmied *Mitvormund,* da beide Kinder noch minderjährig sind.

Auszug aus der Verlass- Abhandlung des Urban Hörmann:

Anna Hermann 19 Jahre
Barbara Hermann 16 Jahr beide zu Hause.
Agathe Mutter und Wittib (Witwe) des Erblassers.
Es wurden gesetzt nachstehende Forderungen:

Den St. Georgener Dechant und Pfarrer Andreas Sereinig	*15 fl*
Barbara Traboßnig Rest des Kaufschillings	*30 fl*
Maria Zitterer Magd Lohn für 2 Jahre	*10 fl*
Parthlmä Hermann Meßnerknecht Lohn	*15 fl*
an das Bezirksgericht Landskron 3 Stempelmarken	*10 fl 57 kr*

Tochter Barbara erbt 78 fl 82 kr und der Wittwe verbleiben 61 fl 55 kr sowie *das obere Stüberl mit Beheizung lebenslänglich, 5 Zwetschgenbäume
beim Stadel eine Kirsche und ein Nußbaum. Essen bei Tisch und Pflege in
kranken Tagen.*

Kollektivforderung und zwar:

Beim Bauer Kassl	*in Ragain für*	*4 Jahre*	*1 Massl Roggen =*	*16 Massln*
Beim Bauer Paule	*in Ragain für*	*3 Jahre*	*1 Massl Roggen =*	*12 Massln*
Beim Bauer Mirz	*in Ragain für*	*3 Jahre*	*1 Massl Roggen =*	*12 Massln*
Beim Bauer Maurer	*in Ragain für*	*3 Jahre*	*1 Massl Roggen =*	*12 Massln*
Beim Bauer Rainer	*in Ragain für*	*3 Jahre*	*1 Massl Roggen =*	*12 Massln*
Beim Bauer Lippitsch	*in Trabenig*	*2 Jahre*	*1 Massl Roggen =*	*8 Massln*

auch 3 Vierling vom Pertl Hermann aus Umberg, wurde als Legat überlassen.

Am 8. Mai 1836 wird Anton Hörmann geboren. Vater ist der aus Maria
Saal stammende Messner Adam Meunig. Mutter Barbara Hörmann ist die
Messnertochter des Urban und der Agathe, geb. Weinzierl. Agathe Her-
mann, die Mutter von Barbara und Anna hat nach dem Tod ihres Mannes
Urban im Mai 1829 den vlg. *Lötternig* verehrt. Sie verstirbt 67-jährig im De-
zember 1841.

Anna Hörmann, die nun Besitzerin des vlg. *Lötternig* ist, bekommt mit
dem Hausmeister Sylvester Sobe im November 1838 Tochter Maria und im
November 1841 Elisabeth. 1849 verkauft Anna den Besitz an **Nikolaus
Weiß** aus Terlach um 315 Gulden. *Die Verkäuferin ermächtigt ihren Bruder
Anton Nagele Meßner zu Sternberg dazu. Sie hat noch bis Weihnachten*

vlg. Letternig Teilansicht   Foto: R. Soran 2002

Wohnrecht mitsamt den Kindern bis sie einen neuen Wohnort gefunden.
Die Ernte gehört noch ihr, da sie die Steuern des laufenden Jahres schon be-
zahlt hat.

Nikolaus Weiß bleibt nur 5 Jahre Besitzer und verkauft 1854 an Barthl Sakoparnig.

Am 11. Februar 1855 heiratet der 32 Jahre alte Besitzer der Letternig-Keu-
sche **Barthl Sakoparnig** die vom vlg. Schmied in Sternberg stammende 33-
jährige Ursula Widmann. Trauzeugen sind Valentin Schwarz und Anton
Winkler. Im März 1855 wird ihre Tochter Josefa geboren.

Der Vater von Barthl, Mathias, besitzt seit 1828 die zur Grundherrschaft
Damtschach-Aichelberg gehörige Illasch-Hube in Oberwinklern. Ursula
Widmann stammt vom vlg. Schmied und ist die Tochter des Anton und der
Maria, geb. Katholnig. Der Besitzer Bartholomäus verstirbt im September
1866 im Alter von 40 Jahren. Die Schwestern von Ursula Widmann, Maria
und Barbara wohnen zu dieser Zeit ebenfalls im Haus Letternig. Die Heb-
amme Maria, Witwe des Anton Nagele, bringt am 24. August 1856 Sohn
Matthäus zur Welt. Vater ist Matthäus Wazenig, der noch im selben Jahr
verstirbt. Er war der Sohn des Primus und der Ursula, die in Terlach eine
Landwirtschaft betreiben. Barbara Widmann stirbt ledig im Alter von 56
Jahren an Zehrfieber am 16 Juni 1860.

In der letztwilligen Verfügung, 1883, vermacht die Wittwe Ursula Sako-parnig geb. Widmann den vlg. Letternig, ihrer Tochter Josefa, verehelichte Pöcheim. ... *für meine Beerdigung Oktav und hl. Messe soll meine Tochter in anständiger Weise sorgen und die Kosten leisten. Markus Pöcheim be-kommt 114 fl, für die Lesjak-Schuld, Barbara Rumpold 20 fl. Meine unehe-lichen Kinder Elisabeth und Michael Widmann je 25 fl, solle der Michael nicht mehr leben, so hat sie für ihm ein Totenamt zu leisten.*

Die nun als Besitzerin aufscheinende **Josefa Sakoparnig** heiratet am 2. Fe-bruar 1873 Markus Pöcheim von der Schneiderkeusche in Arndorf, Ge-meinde St. Martin am Techelsberg. Trauzeugen sind der Bauer Simon Dra-boßnig aus Draboßen und der Keuschler Josef Wister. Die Töchter Maria, Ursula und Juliane werden 1876, 1880 und 1893 geboren. Maria ehelicht am 23. November 1898 den aus Krain (Slowenien) stammenden Friseur Bar-tholomä Pire. Das Eheglück währte jedoch nur kurz. Bartholomä Pire heira-tet 1901 die 28-jährige Ursula Feichter von der Karlkeusche. Ursula heiratet im November 1902 den Eisenbahnarbeiter Josef Tsernutter und Juliane im Jänner 1911 den Messner und Organisten Johann Fink.

In einigen Geburtseintragungen scheint Josefa als Hebamme auf. Sie ist, wie viele andere, aufgrund ihrer Erfahrung als Mutter in der Lage, anderen Müttern bei der Geburt ihrer Kinder behilflich zu sein.

Josefa, die ehemalige Besitzerin, endigt ihr Leben 75-jährig im Haus ihrer Tochter in Gottestal beim vlg. Pongratz 1930.

1933 scheint in einem Kaufvertrag **Juliane Gajschek** als Käuferin des vlg. Letternig auf. Juliane, geb. 1901 in Wurzen, +1942 in Umberg, ist mit dem Postbediensteten Karl Gajschek, +1980 in Kaltschach, verheiratet. Sohn Franz wird 1934 in Sternberg geboren. Aus finanziellen Gründen kommt es jedoch nicht zum Ankauf und die Familie übersiedelt zum vlg. Kotternig nach Oberwinklern. Vor 1933 lebte die Familie beim vlg. Sander in Gotte-stal.

Franz Sereinig ersteigert 1936 die Realität.

1937 kauft **Ferdinand** und **Leopoldine Prägatbauer** das Anwesen. Ferdi-nand Prägatbauer arbeitet als Bildhauer und stammt aus Braunau am Inn.

Am 2. Mai 1944 wird Ferdinand Prägatbauer von sechs Partisanen aufge-fordert, seine Haustüre zu öffnen. Nachdem Prägatbauer dieser Aufforderung nicht nachgekommen war, ziehen die Partisanen ab. Unsinnigerweise öffnet er ein Fenster und feuert aus einer Faustfeuerwaffe, auf die weggehenden Par-tisanen und verletzt dabei einen an der Hand. Die abziehende Meute kehrt daraufhin um und versucht in das Haus einzudringen. Beim Schuss auf die Haustüre erleidet der Hausherr einen Lungenschuss. Danach zogen die Männer über den vlg. Malle in Richtung Weinzierl. Dem Sterbebuch ist zu entnehmen, dass Ferdinand Prägatbauer, der den Folgen der Verletzung im Villacher Krankenhaus erliegt, ein Parteibegräbnis erhielt. Seine Frau erbt den Besitz.

Dienstboten, Gäste

Von **Kunigunde Schwarz,** die 85-jährig am 4. Juli 1787 gestorben ist, wissen wir zum gegenwärtigen Zeitpunkt weder die Herkunft noch ihren Familienstand.

Die aus der Pfarre Hermagor stammende Einwohnerin **Anna Bachmann** hat am 3. September 1825 Christianus geboren.

Die Gästin **Agnes Micholitsch** endigt ihr Leben am 22. 3. 1811 56-jährig.

Im Februar 1812 endet das Leben des Knechtes **Georg Unehr,** von dem sich auch nicht mehr als wenige Zeilen im Sterbebuch erhalten haben.

Schlagfuß war die Todesursache einer 66 Jahre alten Gästin, die im Februar 1826 mit dem Namen **Marianne** im Sterbebuch eingetragen ist. Wahrscheinlich entspricht es wohl ihrem sozialen Status, dass offensichtlich nicht einmal der Familienname bekannt war.

Im März 1833 wird das Mädchen Eta geboren. Die Mutter **Maria Tiefling** ist die Tochter des Jakob Bauer und der Eta.

Die aus Velden stammende

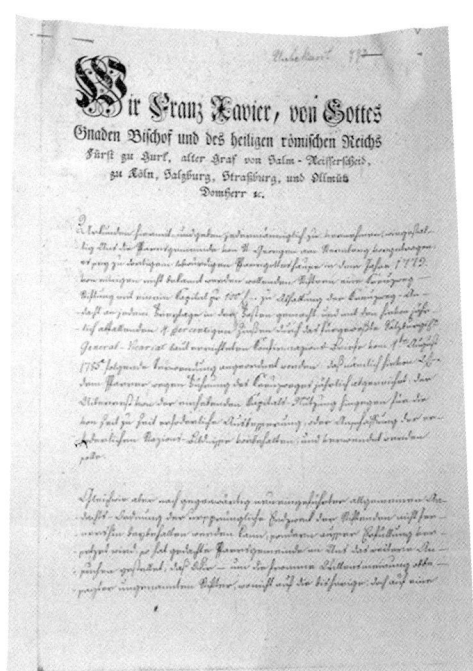

Teil einer Urkunde zur Errichtung des Kreuzweges aus dem Jahre 1773

Maria Schwarz verstirbt im Alter von 29 Jahren, im Juni 1847. Auch ein Ulrich Schwarz, der im November 1847 gestorben ist, stammt aus Velden. Vermutlich handelt es sich hier um Vater und Tochter, die beim Letternig eine neue Bleibe gefunden haben. Welches familiäre Schicksal sich hinter dieser Vermutung verbirgt, wurde von uns nicht weiter verfolgt.

Maria Tscheinig, Gästin beim Letternig, Tochter des Franz und der Franziska, geb. Stotz, bringt am 15. Juni 1853 Töchterlein Maria zur Welt.

Im August 1864 stirbt die erst 18-jährige **Anna Perhonigg**, Tochter der Gästin Luzia und im September 1867 der Einwohnersohn Johann Knam 11-jährig an Lungenlähmung.

Im Juni 1872 erblickt **Petrus**, Sohn der Katharina **Stelzl**, geborene Brettner, das Licht der Welt. Petrus verstirbt in russischer Kriegsgefangenschaft.

Im Testament der **Barbara Rumpold** aus dem Jahre 1889 lesen wir:

Ich Barbara Rumpold habe zu fordern:

Von Barthelmäh Wallar Tischlermeister in Aich 160 Gulden.

Von Josefa Pöcheim vlg. Letternig 100 Gulden.

Von Jantschnig auf der Schleben, Magdalena Lassnig Vorhaußerin 50 Gulden.

Von Magdalena Stökl vlg. Kramer in Sand 150 Gulden.

Von Anna Toff vlg. Hoisl in Sand 10 Gulden.

Von Maria Tscheinig vlg. Keischnig in Krottendorf 4 Gulden 50 Kreuzer.

Es bekommt meine Schwester Anna Katholnig in Treffen 50 Gulen, von meinen verstorbenen Neffen Andreas Rumpold, die Kinder in Oberfellach 50 Gulden. Der Rest ist für mein Leben und meine Beerdigung mit Messen und für die Armen der Pfarre.

Am 11. April 1920 heiratet **Alois Ritscher**, ein Sohn der Maria, die 41-jährige **Anna Regatschnig**. Sie ist die Tochter des Georg und der Maria, geb. Fischer aus Terlach vlg. Premischelnig. 1915 wird Georg und 1918 Alois* geboren.

Vor 1933 bewohnte **Peter Scharr** das Anwesen.

*Alois Ritscher wurde als Sohn des Alois und der Anna, geborene Regatschnig 1917, beim vlg. Letternig in Sternberg geboren.

Einen Teil seiner Kindheit verbrachte Alois beim vlg. Premischelnig in Terlach, auf dessen Anwesen sich die Familie nach einigen Jahren am Sternberg sesshaft gemacht hat.

Nachdem er die Schulausbildung in der Volksschule Sternberg abgeschlossen hatte, war es ihm in der wirtschaftlich äußerst angespannten Zeit nicht möglich, einen Beruf zu erlernen.

Bei Ausbruch des 2. Weltkrieges wurde er gemeinsam mit Anton Mossier und Lukas Sereinig aus Stallhofen zur Deutschen Wehrmacht eingezogen und an den Kriegsschauplatz in Narvik verlegt, wo er die Funktion eines Zahlmeisters innehatte. Ohne in Gefangenschaft zu geraten, kehrt Alois nach dem Krieg zurück, muss jedoch erfahren, dass sein Bruder Georg gefallen war.

1949 beginnt er eine Berufsausbildung zum Zimmermann bei der Fa. Truppe in Villach. Danach wechselt Alois zur Fa. Willroider und bleibt dort bis zu seiner Pensionierung.

Mit dem mühsam ersparten Geld erwirbt er ein Haus in Stallhofen, verkauft dieses jedoch später und baut sich ein Neues.

Im Ruhestand widmet sich der sehr belesene Alois vor allem der Sternberger Kirche, wo er nun auch im Kirchenrat tätig ist, und veranstaltet dort Führungen. Sein großes Wissen über diesen Ort und die Kirche machen ihn weithin bekannt.

Wenn es darum ging, der Kirche dienlich zu sein, ließ er sich nicht zweimal bitten und sprang gelegentlich schon mal als Messner ein. Besondere Dienste erwarb er sich, als es darum ging, die Kirche am Sternberg als Pfarrkirche zu erhalten und vor der drohenden Schließung zu bewahren.

Seine große Liebe galt auch der Ferne. Zahlreichen Reisen führten den geselligen Junggesellen in viele Städte Europas, darunter auch in die ewige Stadt Rom, die es dem gläubigen Christen besonders angetan hatte.

Höhepunkt in seinem Wirken am Sternberg war die Glockenweihe im Juli 1980, wo Alois als einer der Paten aufscheint.

Im Mai 2000 schließt der gläubige Alois für immer die Augen und findet am Ort seines Wirkens die letzte Ruhestätte.

Knuttlitz Nr. 7

GH: Landskroner Unterthan
Keusche

Die lange Reihe der nachvollziehbaren Besitznachfolge beginnt 1688. *Stephan Traboßnig Verehrt seinem Sohn Peter die Keischen um 5 fl Leykauf 1 fl. Der Vadern behalt die Hauswirtschaft Zeit seines Lebens, sollte aber derselbe mit Tod abgehen, ist der Besitzer schuldig die Mutter, so lange sie lebt, gesunder und kranker Zeit zu unterhalten.*

Am 25. April 1719 verehrt **Peter Draboßnig** seinem Sohn Thomas die Keusche um die Ehrungsgebür von 7 fl. Euphannia Knuttlitzin wohl die Frau des Peter verstirbt 70-jährig im März 1743.

*1747 Erscheint **Thomas Traboßnig** an allhieriger Urbars-Keischen, das er ein hocherlebtes Alter und Schwäche, sich die Hauswirtschaft nicht mehr getraue zu führen, seinen ältesten Sohn Caspar als Besitzer an Statt seiner an und aufzunehmen, welches die Herrschaft billigt und besagten Caspar die Knuttlitzkeusche auf lebenslang verehrt.*

Ehrung 7 fl Pflegers Leykauf nebst Verschreibgeld, und Gerichtsdiener 60 kr.

Obige Ehrung ist gleich erlegt worden von 9 fl und 10 kr Zeigen: Mathias Bürger und Josef Supigg. **Thomas Traboßneg** (Knuttelz) endigt am 12. Dezember 1751 sein Leben. **Ursula**, seine Frau, folgt ihm 1762, 70-jährig. Sohn Blasius verehelicht sich am 7. Mai 1753 mit Ursula Lientscher. Sie ist die Tochter des Adam und der Maria aus Stallhofen. Als Trauzeugen sind Franziskus Lientscher aus Kaltschach und Blasius Hörmann eingetragen.

Casparus Traboßneg, der neue Besitzer hat mit seiner Frau **Augustina**, geborene **Sillonin**, 3 Knaben und 2 Mädchen gezeugt. Rupertus, geb. 1750, Maria, geb. 1753, Paulus, geb. 1759, Helena, geb. 1762, +1762, und Bartholomä, geb. 1766, der nach Fahrendorf 12 zieht und dort Barbara Kramer ehelicht. Barbara ist die Tochter des Valentin vlg. Inzelekeuschler in Fahrendorf und der Luzia, geborene Zitterer.

Von den Söhnen verehrt der 1759 geborene **Paul Traboßneg** die Keusche. Die Kinder, Anna, geb. 1780, heiratet im Dezember 1805 in der Pfarrkirche in Kranzelhofen den Lorenz Gnam *(Gnämb)* aus Oberjeserz (Tochter Elisabeth wird 1807 geboren), Stephan, geb. 1781, Martin, geb. 1783, Theresia, geb. 1785, +1789, Andreas, geb. 1786, +1789, Anton, geb. 1789, Caspar,

vlg. Knuttlitz: Aquarell von Maria Schmied

geb. 1791, +1797, Maria, geb. 1792 und Ursula, geb. 1798, +1865. Paulus, *der alte Knuttlitz*, stirbt im Oktober 1820, seine Frau **Margarethe,** geborene **Kenzian** endigt ihr Leben am 2. Juni 1824.

Ursula dürfte Zeit ihres Lebens bei der Keusche geblieben sein, da sich im August 1865 ihr Sterbeeintrag als ledige Einwohnerin findet. Ihre Schwester Maria bringt im März 1815 Thomas zur Welt. Vater ist Simon Greuler, Sohn des Peter und der Maria, geborene Katzianka.

Die Heirat des späteren Besitzers **Anton Draboßnig,** geb. 1789, mit der 27-jährigen **Maria Jellitsch** findet am 14. Februar 1814 in Sternberg statt. Maria ist die Tochter des Ander vlg. Weißnigger zu Fahrendorf und der Regina, geborene Rumpold. Im selben Jahr erblickt Barbara das Licht der Welt, gefolgt von Martinus 1818, Antonius 1821, Maria 1824 und Anna 1826. Barbara stirbt 5-jährig an der Ruhr, genauso wie Maria, die im 10. Lebensjahr dieser heimtückischen Krankheit erliegt. Sohn Anton stirbt 1833 an Nervenfieber. Vater Anton endigt im Februar 1865 sein Leben.

Martin, der Sohn des Anton ist 1849 als Besitzer eingetragen. Mit **Margaretha,** einer geborenen **Steinwendertochter,** die er 1852 ehelicht, bekommt er 1853 Maria und 1857 Anna. Maria erliegt im Alter von 8 Jahren einer Lungenentzündung.

Testament des Martin Draboßenig:

Nachdem ich Martin Draboßenig Besitzer der Knuttlitz-Keuische in Stern-
berg, in meiner Krankheit von Tag zu Tag schwächer mich befinde, so das
ich noch auf ein Aufkommen zweifle, bei gesunden Verstand mich aber
noch befinde, so erkenne ich für mich nöthig über mein Hab und Gut die
letztwillige Anordnung zu treffen wie folgt:

Meine eigentümliche Keusche samt An und Zubehör gebe ich meiner ein-
zigen ehelichen Tochter Anna Draboßenig verehelichte Oprießnig, welche
nachfolgendes zu bezahlen und

1. *Die Schuld per 35 fl Österreichische Währung der Magdalena Stein-*
   wender zurückzahlen.

2. *Meine Beerdigung Octav und Jahresverrichtung soll auf einer anständi-*
   gen Art geschehen wozu ich 100 Gulden verschaffe, den überbleibenden
   Rest soll auf die Jahresbitten und Lesung der hl. Messen verwendet wer-
   den.

3. *Meinen immer kränklichen Eheweib Margarethe geb. Steinwender den*
   Auszug zu Tisch kommen, aber solche Speisen auf den Tisch welche sie
   wegen ihren Krankheitszustand nicht genießen darf was der Tochter
   wohl bekannt ist, so müssen ihr andere Speisen bereitet werden die ihr
   dienlich sind.

4. *Außerdem hat ihr die Tochter noch zu geben: Jährlich ein Vierling wai-*
   zen, 1 1/2 kg. Schmalz, den Fruchtgenuß von den Zwetschgenbäumen und
   einen Apfelbaum ober den Weg und vom Nußbaum welcher vorher mei-
   nen Vater gehörte, die Wohnung im kleinen Stübel, das notwendige
   Brennholz, jährlich 5 Gulden Zehrung, 2 paar Schuhe und die notwendi-
   ge Leibskleidung.

Ihr Ehevertrag von 200 Gulden ist Grundbücherlich einverleibt.

Womit meine Anordnung geschlossen und durch die gegenwärtigen Zeu-
gen bekräftigt wird.

Sternberg am 25. März 1884

Anton Fille Namensfertiger und Zeuge, Franz Hoja und Johann Knam
Zeugen.

Das Ehepaar Martin und Margarethe verstirbt 1884 bzw. 1885.

Anna, geborene **Draboßnig**, die 1886 als Besitzerin aufscheint, hat im November 1882 mit dem 32-jährigen Zimmermann **Georg Oprisnik** die Ehe ge-

114

Marianne Terlikar, geborene Munger,   Johanna Munger, 1937
1928   Leihgabe: Fr. Anni Falle   Leihgabe: Fr. Anni Falle

schlossen. Dieser Verbindung entstammen Margarethe, geb. 1883, Johann, geb. 1886, Georg, geb. 1888, +1888, Valentin, geb. 1889 und Luzia, 1891, die im Jänner 1970 in Kranzelhofen verstirbt. 1892 ist **Agnes Zitterer** als Besitzerin eingetragen, der 1896 **Johann Anderwald** folgt.

1907 ist **Andreas Terlinkar** Besitzer des vlg. Knuttlitz. Er verstirbt im November 1911 66-jährig. Ignaz Terlinkar, ein Sohn des Andreas, verstirbt im April 1908. Der 26-Jährige hatte nach einem Begräbnis kalte Getränke zu sich genommen und eine Halsentzündung bekommen, die schließlich zu seinem qualvollen Ende führte.

Die Besitzerin **Anna Terlinkar**, wohl die Frau des Andreas, stammte aus Tolmein (Slo). Sie verstirbt im Jänner 1940 im Alter von 86 Jahren.

Der Keusche zugehörig ist auch eine Mühle, die vom angrenzenden Bach betrieben wird. Durch technische Spitzfindigkeiten wird der Antrieb der Mühle so gestaltet, das auch bei ungenügender Wasserführung der Malbetrieb manuell fortgesetzt werden kann.

Der Eisenbahnarbeiter **Johann Dirnbacher,** +1949, aus Oberkrain, wohnt um 1912 mit seiner Frau **Anna,** geborene **Munger** beim Knuttlitz. Annas

Bruder Julius, geboren 1897, stammt wie seine Schwester aus Tolmain. Als der 1. Weltkrieg ausbricht, meldet er sich freiwillig und fällt 1917 an der italienischen Front.

1926 erwerben Johann und Anna Dirnbacher den Besitz. Ihre Töchter Hedwig und Ursula werden in einer anderen Pfarre geboren. Im November 1912 erblickt Johann * das Licht der Welt. Die anderen Kinder, Ignaz, der spätere Besitzer, Blasius und Anna werden während der Kriegsjahre 1914 bis 1918 geboren. Ursula bringt im Juli 1921 Tochter Johanna zur Welt. Ihre Schwester Hedwig, geb. 1908, heiratet am 22. Februar 1932 den Maurer Matthäus Schöffmann. Ihr Sohn Matthäus-Franz wird im Oktober 1933 geboren. Blasius erlernt bei der Firma Obernosterer in Villach den Beruf des Glasers. Während des 2. Weltkrieges muss Blasius Kriegsdienst in der Form leisten, zerborstene Fensterscheiben auszuwechseln. Diese Tätigkeit führt ihn quer durch sämtliche deutsche Städte.

Dienstboten, Gäste

Am 5. November 1752 wird **Leonhard Sieger** geboren. Er ist der Sohn des Joseph und der Magdalena. Später wird uns die Familie beim vlg. Gräfitsch neuerlich begegnen.

Blasiuis Dirnbacher, 1948
Leihgabe: Anni Falle, geb. Munger

Falle Anni, 1945
Leihgabe: Fr. Anni Falle

Im September 1802 stirbt der 83-jährige **Jakob Winkler**.

Am 18. Februar 1832 ist **Anna Draboßneg** 7 Monate alt durch Tod abgegangen.

1835 ist ein **Martin Draboßeneg** als lediger Einwohner im Sterberegister eingetragen, der hier 58-jährig an Lungensucht verstirbt.

Im Februar 1840 heiratet **Paul Supigg** vom vlg. Hoischl in Krottendorf, die erst 15-jährige **Luzia Lippitsch** vom vlg. Bauer aus Stallhofen. Paul ist der Sohn des Anton, der 1785 als Besitzer des vlg. Trauntschnig aufscheint.

Im Jänner 1902 heiratet der 28-jährige **Anton Koban**, Einwohner beim Knuttlitz, die 51-jährige Magd **Maria Kandolf**. Trauzeugen sind der Besitzer Johann Anderwald sowie der Messner Klemen Tschebull.

Die ledige Einwohnerin **Ursula Lagger** entbindet im Mai 1904 ein Knäblein, das während der Geburt verstorben ist. Ursula heiratet 1915 den Grundpächter Johann Fischer.

Johann Dirnbacher erblickt am 30. November 1912 in Sternberg das Licht der Welt. Seine Eltern, Johann und Anna, geborene Munger, betreiben eine kleine Landwirtschaft, wo Johann seine Kindheit verbringt. Nach der Grundschule in Sternberg erlernt er das Schneiderhandwerk. Bei Ausbruch des 2. Weltkrieges wird Johann zur Deutschen Wehrmacht eingezogen. Am 6. Dezember 1942 heiratet er Ursula Sereinig, sie ist die Tochter des Lukas aus Stallhofen und der Ursula, geborene Gabriel.

1949 kehrt er nach vier Jahren sibirischer Gefangenschaft zurück und beginnt 1952 mit dem Bau eines Eigenheimes, das Johann mit seiner Familie 1954 bezieht.

1958 gründet er eine eigene Schneiderei, die er bis 1973 betreibt. In der Pensionierung widmet er sich zwischen 1975 bis 1978 aufopferungsvoll dem Kirchendienst. Johann Dirnbacher stirbt am 2. November 1980 und wird am Sternberg zur letzten Ruhe gebettet.

Gräfitsch Nr. 8

GH: Landskroner Unterthan
Keusche

Im Jänner 1655 hat **Valtan Trägaschnig** aus Altersgründen das Anwesen seinen Sohn **Thomas** übergeben.

Andree Trapp übergibt 1686 *die Keischen zu Sternberg seinem Eydam (Schwiegersohn) **Kaspar Kaufmann*** auch Kaspar Mauerer genannt, *er hats verehrt, ein kleines Keischl und nichts erbaut ist nit.* Im Februar 1719 übergibt *Kaspar zwecks hohen Alters und weil er sich der Hauswirtschaft nicht mehr vorzustehen getraue, die Keischen an seinen Sohn **Domicio** um die Ehrung von 6 fl* Zeugen: Gregor Waizenig in Sternberg und Veit Sturm in Sand. Martin, wohl auch ein Sohn des Kaspar, war zu diesem Zeitpunkt noch minderjährig, da in späterer Folge er die Realität verehren sollte. Warum es dann nicht zu dieser Übergabe kam, ist gegenwärtig ungeklärt. 1728 *nach Totfall des Domicio Kaufmann, verehrt* **Egydi Trägaschnig** *die anhamb gefallene Keischen daselbst auf sein Leibslebenlang.* Er ist mit **Margaretha,** +1770, verheiratet. Sie ist die Tochter des Lorenz Kaufmann und der Nessa. Margaretha bringt 30 Gulden Heiratsgut und 30 Gulden Widerlag in die Ehe ein. Die Morgengabe, die ihr der Ehemann am Tag nach der Hochzeitsnacht gibt beträgt 11 Gulden. Der Verbindung entstammen 9 Kinder. Peter der spätere Besitzer, Maria, geb. 1736, Martin, geb. 1739, +1740, Thomas, geb. 1740, Mathias, geb. 1743, +1744, Magdalena, geb. 1745, Margaretha, geb. 1748, Gregor, geb. 1751, und Andreas, geb. 1755. Agneti (Agnes), geb. ca. 1690, +1750, Trägatschnig, wohl eine Schwester des Egydi, lebt zu diesem Zeitpunkt als Magd auf diesem Anwesen. Ihr Sohn Andree heiratet 1759 Maria Hörmann. Der 1752 70-jährig verstorbene Nikolaus Dragatschnig könnte der Vater des Egydi sein. Möglicherweise ist Nikolai, der als Vater eines 3-jährig verstorbenen Sohnes (Paulus), 1752 aufscheint ein Bruder des Egydi.

1759 bittet Egydi Trägaschnig die Herrschaft, zwecks schlechter Gesundheit und weil die Keusche schon in einem schlechten Zustand ist, an seinen Sohn Peter zu Verehren und ihn als Besitzer an und aufzunehmen.

Petrus (Peter) Trägatschnig heiratet im November 1758 die aus Schleben bei Wernberg gebürtige **Eva Kap**. Die vier Kinder Thomas, geb. 1761, Margarethe, geb. 1764, Martin, geb. 1767 und Maria, geb. 1777, +1780 erblicken am Sternberg das Licht der Welt.

118

Peter Trägaschnig verkauft um 150 fl *Kaufschilling* im August 1771 an **Josef Sicher.** Josef hat das Anwesen für seinen Sohn **Leonhard** erworben und verehrt ihm noch am selben Tag die Keusche und *ein Grundstück auf der Rauth genannt, mit 3 Vierling von Aussaat, Wießmaden sind bei dieser Keusche keine, Holz aus dem Herrschaftswald zu klauben und das Vieh auf die Gmain zu treiben mit den Nachbarn* um 36 fl 58 kr worin auch die Rusticalsteuer 1fl 17 kr 1d Domicial 1 fl 44 kr 2 d und 2 Tage Roboth = 15 kr enthalten sind. Als Zeugen sind Nikolaus Gaggl und Ander Widmann aufgeführt.

Die Frau von Leonhard, **Ursula,** geborene **Truppe** entbindet 3 Kinder. Rupert, geb. 1777, Catharina, geb. 1779, und Maria, geb. 1782.

Der nunmehrige Besitzer scheint finanziell arg ins Trudeln gekommen zu sein, da er im Jänner 1783 die Herrschaft bittet, die Keusche um 160 fl verkaufen zu dürfen. Als Käufer wird **Anton Kirchbaumer** genannt, der gelobt:

1. ... von der Realität nichts zu verkaufen, vertauschen und zu verschenken.

2. Das Gebäude in brauchbaren Stand zu halten.

3. Mit beansagter Gräfitsch-Halbkeusche die gebotene Rustical und Domicial Abgaben und 2 Tage Handroboth zu bestimmten Zeiten.

4. Nach Angelobung alldessen wurde ihm die Ehrung Lebenslang erlassen.

Ehrung 19 fl Gräfin Leykauf 1 fl und der Verkäufer entrichtet seine 10 % Abfahrt mit 16 fl = 36 fl.

Zeugen: Niklas Kaggl in Terlach und Paul Prandtner in Kaltschach.

Weiters hat sich der Käufer dazu verpflichtet, *das ganz in Verfall gekommene Gebäude herzustellen und das Holz aus den Herrschaftswald zu nehmen und zwar 10 Stämme.*

Anton Kirchbaumer ist mit **Maria** verheiratet, die 1805 im Alter von 69 Jahren in Sternberg an Schlagfuß verstirbt.

Der ehemalige Besitzer Leonhard Sicher endigt sein Leben 1817 als Gast beim vlg. Kristanig in Kaltschach 5.

1827 besitzt **Nikolaus Zitterer,** geb. ca. 1787, +1872, den vlg. Gräfitsch. Er ist der Sohn des Augustin, eines Maurers, und der Katharina, geborene Winkler, die hier 1817 für immer die Augen schließt. 1822 ehelicht Nikolaus die 29-jährige **Anna Köchl** aus St. Ulrich. Ihr Vater Johann ist der Kuchlerbauer und mit Magdalena, geborene Berger, verheiratet. Anna schenkt ihrem Nikolaus 4 Söhne. Jakob, geb. 1820, Mathias, geb. 1823, Johann-Bap-

Anwesen vlg. Gräfitsch (Bartos)   Leihgabe: Bartos Friedrich

tist, geb. 1826, der spätere Besitzer, und Niklas, geb. 1829. Maria Zitterer, geb. ca. 1791, die hier im Alter von 58 Jahren an der Wassersucht erliegt, könnte eine Schwester des Nikolaus sein.

Der 1823 geborene Mathias heiratet 1848 in Sternberg die 20-jährige Eta Ruckhofer aus Wernberg, vlg. Rassolier. Ihr gemeinsamer Sohn Mathias kommt, 1848, +1848, hier zur Welt.

Später wird er Besitzer der Niemetz-Halbhube in Köstenberg, wo 1851 auch ihre Tochter Maria zur Welt kommt.

1851 ist **Johann Zitterer** als Besitzer eingetragen. Johann, der vor 1850 *Winnerkeuschle*r in Arriach war, hat in Köstenberg die **Maria,** geborene **Zitterer** geehelicht. Maria stammt aus Köstenberg und ist die Tochter des Lorenz und der Anna, +1851, geborene Brandtner. 1850 ist er Besitzer der Strimitzkeusche in Oberdorf. Luca-Johann wird 1850 in der Strimitzkeusche geboren. Die Familie ist dann nach Sternberg übersiedelt, um den väterlichen Besitz zu übernehmen. Sohn Mathias wird im Jänner 1855 beim vlg. Gräfitsch geboren.

Bereits 1853 verkauft Johann jedoch das Anwesen um 700 Gulden an den

23-jährigen **Jakob Mandlitsch.** Dieser hat sich im April d.J. mit **Maria Sa-koparnig,** geb. ca. 1834, verehelicht. Jakob ist der Sohn des Keuschlers Johann und seiner Frau Barbara Werkl, geb. ca. 1798, +1862, in Sternberg. Als Heiratsgut bringt Maria 371 Gulden und Wiederlag 150 Gulden mit, die im Grundbuch eingetragen werden. Die Eltern von Maria sind der Illaschbauer aus Oberwinklern, Mathias Sakoparnig und seine Frau Agnes, geborene Majritsch. Maria wird Mutter von vier Mädchen und zwei Buben. Theresia, geb. 1856, +1867, Anna, geb. 1856, Maria, geb. 1861, übernimmt 1884 den vlg. Gräfitsch, Emma, geb. 1864, +1940, Georgius, geb. 1867, +1868, und Petrus, geb. 1869, ist am 6. August 1881 im Ruttnig-Teich ertrunken. Vater Jakob endigt 1881 im 56. Lebensjahr. Seine Frau Maria folgt ihm 1907.

Anna, geb. 1856, bringt 1876 Tochter Maria zur Welt, die wenige Tage danach verstirbt. Drei Jahre später wird sie nochmals Mutter einer Maria und wieder schlägt das Schicksal mit unbarmherziger Härte zu. Anna verehelicht sich mit Franz Bartos in Wien. Dieser Verbindung entstammt Sohn Josef.

Maria, geb. 1861, +1921, bringt im Juni 1881 Anna, die wiederum 1899 eine Tochter Anna bekommt, und im Mai 1883 Georg zur Welt. Georg überlebt das Kleinkindalter nicht. 1884 ist **Maria** als Besitzerin eingetragen. Maria schließt mit den 34 Jahre alten Sägeschneider **Peter Bugelnig,** der schon seit längerem hier wohnt, 1885 die Ehe. Der gleichnamige Vater des Peter bewohnt mit Franziska, geborene Melcher, eine Keusche in Terlach. 1917 stirbt Peter Bugelnig 62-jährig an Blutverlust.

Emma, geb. 1864, verdient sich ihren Lebensunterhalt als Köchin in der Stadt Villach. Dort kommt vermutlich auch ihre Tochter Elisabeth zur Welt. Elisabeth lernt den Franz Johann Rauchenwald kennen und lieben, der als Konduktär bei der k.k Stadtbahn in Villach arbeitet. Der Beziehung entstammen 2 Kinder. Franz, geb. 1907, und Juliane, geb. 1914, +1940 in Klagenfurt. Emma kehrt nachhause zurück und verstirbt 76-jährig 1940 mittellos.

Josef Bartos und Maria, geborene Kofler
Leihgabe: Bartos Friedrich

1923 ist das Anwesen an Georg Haslinger verpachtet. Georg ist mit Franziska, geborene Arnold, verheiratet. Lydia wird im April 1926 geboren.

Josef Bartos ist 1942 Besitzer der Gräfitschkeusche. Seine Frau ist **Maria,** geborene **Kofler** aus Unterwinklern bei Velden. Aus dieser Ehe geht 1940 Friedrich und 1942 Heinz-Franz hervor. Der Vater des Josef Bartos stammt aus Ungarn und war als Portier im Hotel Imperial in Wien beschäftigt.

Dienstboten, Gäste

Der Maurer **Mathias Kaißer** lebt mit seiner Frau **Ursula,** geborene **Loj,** in dieser Keusche, wo auch ihre beiden Söhne Urban, geb. 1804, und Johannes, geb. 1807, geboren werden.

Johann Steinwender ist der Sohn des Philipp, eines Zimmermannes aus der Pfarre St. Nikolai. **Maria Hasin**, Tochter des Martin und der Barbara, geborene Krutzin, schenkt ihm 1810 Thomas und 1814 Ursula. Taufpaten sind Mathias Prand vlg. Fischer auf der Leiten und Anton Widmann, Schmied in Sternberg.

1816 verstirbt an den Blattern die 2-jährige **Maria Jessenig.**

Barbara Hasin, ledige Tochter der Maria, wird Mutter der Maria, geb. 1814. Vater ist der Knecht Thomas Jesenigg aus Dröschitz.

Die Einwohnerin **Margarethe Suppig** verstirbt 70-jährig 1831.

Agathe Reinwald lebt um 1857 als *Gästin* auf diesem Anwesen. Im Juni 1857 kommt ihr Sohn Jakob zur Welt.

1866 findet sich unter der Bezeichnung „Vagabundin", **Magdalena Strukl.** Sie ist die Einwohnertochter der Anna aus Damtschach und entbindet im November 1866 Anna.

Die Dienstmagd **Anna Kramer** bringt im Oktober 1903 Maria zur Welt. Anna ist die Tochter des Johann und der Elisabeth, geborene Kackl aus der Pfarre Damtschach.

1915 endet das Leben der **Elisabeth Kramer** im Alter von 72 Jahren.

Adalbert Havel stammt aus Böhmen. 1916 verstirbt er 61-jährig.

1917 erliegt **Johann Fischer** mit 61 Lenzen der Herzwassersucht.

Die Premischelnigtochter **Anna Regatschnig** aus Terlach und **Alois Ritscher** bekommen im November 1921 Zwillinge Elisabeth und Anna, die wenige Tage nach der Geburt verstirbt.

Die Gemeindearme **Maria Schellander** verstirbt 80-jährig 1930.

Sternberger Nr. 9

GH: Landskroner Unterthan
Keusche

Die Grundmauern des einst mächtigen Bergfried der Feste Sternberg waren, zumindest um 1654, und sind heute noch das Fundament eines Wohnhauses. Im Gegensatz zu damals ist jetzt der Bergfried zu einem gemütlichen, den heutigen Bedürfnissen angepassten Wohnbau geworden.

Die ärmlichen Verhältnisse der einstigen Keusche lassen sich schon aus den Verehrungen herauslesen. Aus dem umliegenden Grund und Boden ließ sich kaum mehr erwirtschaften als das Notwendigste zum Leben.

Von links: Franz Oprisnig, Jakob Munger, Johann Dirnbacher, um 1935
Leihgabe: Anni Falle

1654 verehrt **Peter Falle** die Keischen. *So vor **Peter Zumagga** innegehabt hat zwecks großer Baufälligkeit und da nichts zu der Keischen Eigengehörig ist. Ehrung 1 fl 18 kr 3 d diese ist der Kirche St. Georgen verehrt worden unter dem Pfleger und Vogt – Verwalter Michael Gopp.*

Maria *Wannin* (Vohn), geb. um 1678, +1743, und Gertrudi *Wann,* geb. um 1684, +1744 (Vohn), dürften Schwestern des Peter sein.

Der nunmehrige Besitzer **Petrus (Peter) Vohn**, geboren um 1692, heiratet im Jänner 1750 **Gertrudis**, die Tochter des Ägyd Urich aus Fahrendorf. Zum Zeitpunkt der Trauung ist Peter 58 Jahre alt. Trauzeugen sind Urban Kartnig vom vlg. Niemetz in Krottendorf und Georgy Kamnig aus Jeserz.

Im Februar 1751 bekommt das Paar Tochter Apollonia, +1764. Im Laufe der nächsten fünf Jahre dürfte Gertrudis jedoch gestorben sein, da bei der Geburt von Gregor im März 1756 **Luzia** als Mutter angegeben ist.

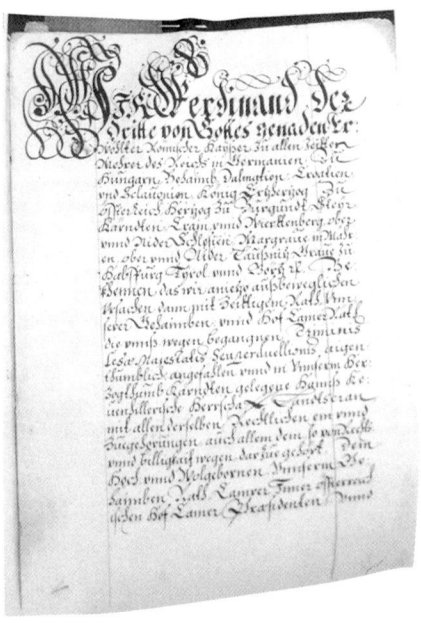

Urkunde über den Verkauf der *Keven-hillerischen* Herrschaft an die Dietrich-steiner 1639

1761: *Nach zeitlichen Hintritt des Peter Vohn vlg. Sternberger – ist dessen bloß in einer geringen Keusche zugehörigen schlechten Realität erledigt worden. Auf Bitten der Witwe Luzia, wird sie den Sohn Gregor die Hauswirtschaft besorgen helfen, um ihm auf sein lebenslang zu verehren. Ehrung 1 fl Leykauf 1 fl.*

Gregor ist zu diesem Zeitpunkt 5 Jahre alt. Luzia dürfte aber eine neue Partnerschaft eingegangen sein, da bereits im März 1762 **Lucas Winkhler** als *Vormund und Vorhaußer* die Keusche verehrt, *bis er* (Gregor) *fähig ist die in Abbau gekommene Keusche selbst zu bewirtschaften.* Bei der Übernahme verpflichtet sich Winkhler, die Keusche soweit als möglich, aus eigenen Mitteln aufzubauen.

Der Keuschler **Johannes Wann,** geb. um 1730, +1788, war der nächste Besitzer. Seine Mutter Maria verstirbt 82-jährig.

Jakob Jessenig bewirtschaftet den kärglichen Boden im Bereich der Ruine Sternberg. 1822 heiratet er die 34-jährige **Maria Reitz**. Maria, geb. um 1788, +1824, ist die Tochter des Barthelmä am Sattel und der Maria, geborene Jernizen. Der gemeinsame Sohn Paul stirbt noch am Tag seiner Geburt im Jänner 1824.

Johann Jessenig, geb. um 1733, +1813, und seine Frau Anna, geb. um 1742, +1806, dürften die Eltern des Jakob sein. Agnes Jessenig, wohl eine Tochter des Johann, verstirbt 1821 60-jährig an Schlagfuß.

Aufgrund der äußerst ärmlichen Verhältnisse, die bei dieser Realität vorherrschen, finden sich nur geringfügige Unterlagen über einstige Besitzer, da diese wohl kaum steuerliche Abgaben leisten konnten.

Der Waldhüter **Andreas Waffen**, Schustersohn des Leonhard und der Luzia, geborene Kopeinig, lebte zumindest hier. Mit seiner Frau **Katharina,** ge-

124

borene **Komposch**, Tochter des Johann und der Katharina, geborene *Tschertschin*, hat er zwei Kinder. Andreas, geb. 1841, +1842 und Maria, geb. 1843.

1856 findet sich die nächste Eintragung in der Reihe der Bewohner. **Anton Falcher,** geb. um 1816 heiratet die **Magdalena Pichler,** geb. um 1822, verwitwete Matitz. Anton, der als *Waldhüter* seinen Unterhalt verdient, ist der Keuschlersohn des Johann und der Anna, geborene Klausner. Magdalena ist die Tochter des Michael und der Magdalena aus Techelsberg. Trauzeugen sind der Waldhüter Georg Meyer und der Förster Georg Petutschnig. Anton Falcher dürfte seine Stellung um 1854 angetreten sein. In diesem Jahr endigt das Leben seines Vorgängers Josef Turteltauber im 72. Lebensjahr.

Barbara Schwarz, geb. um 1809, die 1865 in den Sterbematriken aufscheint, ist auch die Frau eines Waldhüters.

Valentin Greiner ist um 1869 *Pächter* auf der Burgruine Sternberg. Der Sohn von Anna, einer Einwohnerin aus Velden, bewirtschaftet mit seiner Frau **Magdalena** die kargen Böden. Magdalena ist die Tochter des Josef aus Pirk und der Apollonia, geborene Aschgan. 3 Kinder bringt das Paar in Sternberg zur Welt. Ignatz, geb. 1869, +1869, Josefa, geb. 1871 und Johann, geb. 1875, +1875. Die Sterbeeintragung der Magdalena 1876 lässt auf ein Unglück schließen. Die Pächtersfrau endigt 43-jährig an Verblutung.

1938 wird die Burgruine sowie die umliegenden Waldungen von Eberhard Hippel käuflich erworben.

Dienstboten, Gäste

Maria, geb. 1815, +1815 ist die Tochter des **Antonius** vlg. **Mozhnig**, ein Resianer und der **Maria Buttolo**, eine Resianerin. Resianer sind venezianische Untertanen. Sie stammen aus dem Ötschtal unter dem Röschenpass. Auch in Laschein Nr. 21 leben zu diesem Zeitpunkt Resianer.

Der 17-jährige **Johann Zully** verstirbt 1827.

Johann Kornbauer und **Maria Nagele**, denen wir schon beim vlg. Messner begegnet sind, leben scheinbar in einer außergewöhnlichen Beziehung. Zwischen 1824 bis 1834 wohnt zumindest Maria als Gästin auf diesem Anwesen. Johann, der als Knecht beim vlg. Messner beschäftigt war, hat seinen Diensthern gewechselt und arbeitet nun beim Sakoparnig in Oberwinklern. Insgesamt scheinen 6 Kinder auf, wovon bei einigen keine Vaterschaft angegeben ist. Matthäus, geb. 1817, +1817, beim vlg. Messner, Antonius, geb.

Eduard Kogler um 1935   Blasius Dirnbacher, um 1935
Leihgabe: Anni Falle   Leihgabe: Anni Falle

1821, beim vlg. Messner, Barbara, geb. 1824, +1825, Jakobus, geb. 1826, sowie die Zwillinge Barbara, geb. 1832, +1832, Maria, geb. 1832, +1832 (kein Vater angegeben), und ein notgetauftes Mädchen, +1834.

Die Magd **Katharina Truppe** bringt im Oktober 1874 Sohn Michael zur Welt, +1875. Anna Truppe, die im selben Jahr verstirbt, ist die Mutter der Katharina. Vater Josef scheint um diese Zeit als Einwohner hier auf.

Katharina Stoßier, deren Eltern wir noch beim vlg. Schmied antreffen werden, wohnt als Magd hier. Im Jänner 1890 schenkt sie Tochter Maria das Leben. Elisabeth Stoßier, wohl eine Schwester der Katharina, endigt als Magd 1893 35-jährig ihr Leben.

Die Einwohnerin **Ursula Stokiner (Stoßier)** verstirbt 1896 im Alter von 72 Jahren.

Die 22-jährige, in Lind geborene, Fabriksarbeiterin **Elisabeth Stosier** erliegt 1902.

Der 52-jährige Grundpächter **Johann Fischer** verehelicht sich im Oktober 1915 mit der 49 Jahre alten Wirtschafterin **Ursula Lagger,** geb. 1866, +1935, die wir schon beim vlg. Knuttlitz angetroffen haben. Johann ist der Sohn des Andreas vlg. Urichbauer in Terlach und der Maria, geborene Kramer. Ursula Lagger stammt aus Maria Gail und ist die Tochter der bereits verstorbenen Katharina, geborene Zenz.

Stourotz Nr. 10

GH: Landskroner Unterthan
1/2 Hube

Das mit der Burg Sternberg verschmolzene Anwesen wurde erst in der Mitte des vorigen Jahrhunderts zu einer eigenständigen Realität.

Der Einblick in Urbaren und Kirchenbücher zeigt uns so manches über Besitz, Leben und Sterben der hier einst ansässigen bäuerlichen und handwerklich orientierten Bevölkerung.

1597 Nachdem halt **Karl Seißenbacher** *die Keischen an sich bracht, hat 1597* **Lucas Michelitz** *von Barthl-Keische um 85 fl an sich bracht. Ehrung 15 fl Abfahrt 8 fl.*

Im Dietrichsteiner Ehrungsbuch treffen wir 1639 neuerlich auf den vlg. Stourotz. **Jacob Saßleber** dient mit 5 Schilling 2 Pf 4 Siedlerpfennig sowie, 1 Vierling Roggen und 6 Vierling Haber, Villacher Maß. Am 16. 01. 1650 verehrt **Peter Popoler** *die Halbhube so er von* **Georgen Strämbl** *erkauft hat. Ehrung 23 fl.* Im März des Jahres 1652 verehrt *nach Absterben Jacoben Saßlebers,* **Mathias Tritscher,** *ein Pibersteiner Unterthan, das $^{1}/_{2}$ Hübl mit 26 fl Ehrung und Leykauf 1 Ducaten.* 1 Jahr später verkauft dieser jedoch an den *Handwerks-Maurer,* **Philipp Wornig** *um 100 fl.*

Lucas Heber *verehrt am 7. Oktober 1759, zwecks alters das Hübl an seinen Vettern* **Thomas Gaggl,** *ohne mindeste Obligation zu überlassen. Ehrung 83 fl Leykauf 2 fl Zeigen dessen: Lucas Orrasch Müller zu Tamtschach und Andreas Widmann Schmied zu Sternberg.* Lucas Heber war seit Februar 1738 Besitzer des vlg. Stourotz. Er endigt nach 65 Jahren, im April 1769, sein Leben.

Christina, die am 2. Oktober 1760 geboren wird, ist die Tochter des Martin Stourotz und der Maria. Der Taufeintrag ist die einzige Namensbezeichnung, die auf Stourotz lautet.

25. Februar 1763. Nach absterben des Thomas Gaggl vlg. Stourotz, verehrt die hinterlassene Wittib (Witwe) **Maria Gagglin,** *da sich sonst niemand gemeldet hat den vlg. Stourotz. Zeugen sind Nikolaus Gaggl und Sebastian Waizenig.*

Der zweiten Ehe von Maria Gaggl, geborene Widmann, mit **Philipp Philly** entstammen fünf Kinder. Valentin, geb. 1765, +1786, Leonhard, geb.

1767, Caspar, geb. 1770, +1820, Joannes, geb. 1773, +1845, und Maria, geb. 1777. Maria stirbt 53-jährig 1788 und Philipp 69-jährig 1796.

Am 4. Februar 1788 *erscheint Philipp Fille mit gehorsamster Bitte die Storoutz Halbhube an seinen ältesten Sohn* **Leonhard Fille** *verehren zu lassen und als einen Unterthanen aufzunehmen, da er sich altershalber nicht mehr getraue der Hauswirtschaft vorzustehen.*

So hat nun von Seiten der Herrschaft nichts wiedriges einzuwenden, sondern ist der vorgestellte Besitzer Leonhard Fille als einen Unterthanen anerkannt, auch der alten Ehrung, Brief, Stempel, Schreibgeld und Gerichtsdiener = 56 fl 59 kr.

Im November 1794 heiratet der Besitzer **Leonhard Philly** die 21-jährige **Maria Taschber** von der Anderlitschkeusche in Damtschach. Sie ist die Tochter des Georg und der Maria, geborene Sezin. Trauzeugen sind Martin Widmann und Adam Zitterer, der vom vlg. Primoschitz in Kaltschach stammt.

Die gemeinsamen Kinder Martin, geb. 1795, +1863, Anna, geb. 1798, Margarethe, geb. 1800, +1801, Maria, geb. 1803, Joannes, geb. 1805, +1805, Paulus, geb. 1808, Anna, geb. 1811, +1851 und Antonius, geb. 1814, +1817 werden beim vlg. Stourotz geboren.

Leonhard Philly wir vom Faulfieber befallen und endigt im April 1822. Seine Frau Maria stirbt 81-jährig 1856.

Obwohl **Martin Fille** erst im 21. Lebensjahr steht, werden ihm die Fähigkeiten eines Großjährigen (24 Jahre alt) zuerkannt und so verehrt er am 28. September 1815 die Halbhube von seinem Vater Leonhard.

Der *Conto Aktiv Stand* beträgt per 28. September 1815 591 fl 43 kr. Die *Phasiva* schlagen sich mit 151 fl 43 kr zu Buche. Der Vermögensüberschuss beträgt also 450 fl. Seine Geschwister erhalten je 43 fl 45 kr Erbteil.

Für die Richtigkeit der Ausfertigung zeichnet der Bezirksrichter von Landskron Georg Doppelhofer am 12. Oktober 1817.

Martin Philly heiratet **Anna Tempfer** am 8. Februar 1830 in Sternberg. Trauzeugen sind der Schmied Anton Widmann aus Sternberg und Urban Krammer. Die zu diesem Zeitpunkt 25-Jährige ist die Tochter des Johann und der Ursula, geborene Oschounig. Von den Kindern Maria, geb. 1831, +1831, Johann, geb. 1834, +1834, Anton, geb. 1835, +1902, Anna, geb. 1837, +1837, Oswald, geb. 1839, +1839, Elisabeth, geb. 1844, +1844 und Barbara, geb. 1845

Vlg. Stourotz um 1935, links im Bild Jakob Oitzinger

erreichen nur 2 das Erwachsenenalter. Vater Martin, der lange Jahre als Kirchenkämmerer in Sternberg tätig war, verstirbt im Juni 1863.

1882 vermerkt die Dietrichsteiner Herrschaft *das diese Keusche in der Dietrichsteiner Waldparzelle jährlich 7 Klafter Brennholz und Streu beziehen kann.*

1938 wird der Besitz, zu dem auch die Burganlage und ausgedehnte Waldungen gehören, von **Eberhard Hippel** käuflich erworben. Infolge Erbes wird der vlg. Stourotz von den anderen Besitzungen abgetrennt und gelangt an den Sohn Eberhards, **Horst Hippel**. Dieser schenkt ihn seiner Schwester **Gabriele**, die sich mit **Jakob Oitzinger** verehelicht hat.

Heute ist auf diesem Anwesen eine Alten- und Krankenpflegepension untergebracht, die vom Nachkommen Oitzingers, **Hans-Peter Oitzinger** und seiner Frau betrieben wird.

Die Keusche wurde in den 90-er Jahren des vorigen Jahrhunderts geschliffen und durch einen Neubau ersetzt.

Dienstboten, Gäste

Im Juli 1803 bringt das Ehepaar **Thomas** und **Augustina Kokal** die Zwillinge Maria und Anna zur Welt. Die Mutter verstirbt noch am selben Tag im Kindbett und die beiden Mädchen sterben innerhalb von 14 Tagen.

Ein herumziehender Bettler stirbt im Jänner 1805 100-jährig.

Blasius Sumper stammt vom vlg. Schimitsch aus Selpritsch. Mit **Margaretha,** geborene **Philly,** lebt er zwischen Juni 1824 bis Juli 1826 in der zu diesem Anwesen gehörigen Keusche. Während dieser Zeit werden die Kinder Johann-Baptist und Katharina geboren.

Die Einwohnerin **Maria Drabohsneg** ist im Jänner 1847 80-jährig durch Tod abgegangen.

Zumindest ab Februar 1857 arbeitet **Elisabeth Baumgartner,** +1857, als Magd beim vlg. Stourotz. Im April dieses Jahres endet das Leben ihrer Toch-

Kogler Mariedl   Leihgabe: Anni Falle   Hermann Kogler   Leihgabe: Anni Falle

130

ter Magdalena im blühenden Alter von 15 Jahren. Ihre 2. Tochter Elisabeth bringt im Jänner 1872 ein Mädchen namens Barbara zur Welt und heiratet 1885 den ehemaligen Schmiedbesitzer **Valentin Striehs.**

Im Jänner 1872 verehelicht sich der 24-jährige **Franz Feichter**, dessen Vater bereits tot ist, mit **Agnes Regatschnig** aus der Pfarre Latschach. Agnes ist die Tochter des verstorbenen Mathias. Trauzeugen sind Gregor Sturm aus Gottestal und Thomas Wenzel vom vlg. Magsche. Der gemeinsame Sohn des Paares, Franz, wird 1911 Besitzer beim vlg. Schmied.

Die 80-jährige Gemeindearme **Maria Kulmer** verstirbt im Mai 1900.

Steffan Pozzetti, ein 35-jähriger Maurer aus Venezzona, der als Pächter der Bramerkeusche in Sand aufscheint, wird von Lungentuberkulose befallen und erliegt dieser Krankheit im Dezember 1912.

Mitte der 20-er bis Ende der 40-er Jahre wird die Badstube durch die Familie Kogler bewohnt. Die aus 12 Personen bestehende Familie musste, heute kaum vorstellbar, auf engstem Raum zusammenleben. 2 Söhne ziehen in den Krieg und kehren nicht mehr heim. Eduart Kogler verstirbt im Alter von 26 Jahren an den Folgen einer Kriegsverletzung in Chemount Ferrant, Frankreich, und Willibald Kogler gilt als vermisst.

vlg. Schmied, 1997   Foto: Franz Soran

Schmied Nr. 11

GH: Landskron
Schmiede und 1/2 Hube

Die erste Nennung der Halbhube beginnt mit 1578 hat **Simon Schmiet** *die Keischen um 2 fl verehrt.* In weiterer Folge ändern sich die Besitzverhältnisse in kurzer Zeit.

Andree Punkher hat 1585 *den Simon Schmiet Keischen und Grüntl um 30 fl abgehandelt.* Die Abfahrt von 2 fl 30 kr hat Simon bezahlt.

1591 *Simon Schmiet hat wieder des Anderle Punkher Keischen und Gründt an sich erhandelt.* Im selben Jahr verstirbt Simon Schmiet und seine Wittib (Witwe) verkauft das Anwesen an **Jakob Poschoß.**

1592 *erhandelt* **Andree Seepacher** *samt Gründt und Keischen um 71 fl* den vlg. Schmied. Offensichtlich bleibt der neue Besitzer nur sehr kurz, weil noch im selben Jahr 2 Besitzer angegeben sind. Es handelt sich hier um **Ambros Schmiet,** der 1592 um 50 Gulden an Alex Seepacher verkauft. Dieser verkauft die Halbhube 1595 an **Christian Triebendorfer** um die selbe Summe, da er davon 10 % 5 Gulden Steuern und 3 Gulden Ehrung an die Grundherrschaft abliefert.

Entweder war das Gebäude in der Zeit um 1595 in einem sehr desolaten Zustand, was anhand der Kaufsumme möglich erscheint, oder ein Brand äscherte das Bauwerk ein, denn 1598 scheint neuerlich **Ambroß Schmiet** auf. „*... hat mit Vergünstigung beider, des Sternberger Wald und des Terlacher gori eine Keischen und Schmieten gepaut, solle er meine Erlaubnis selig haben*" schreibt der „*Pfleger*" der Grundherrschaft Damtschach nieder und setzt die Ehrung mit 2 Gulden an.

Im Dietrichsteiner Übergabs-Urbar von 1639 ist **Georg Markhl** als Besitzer der *Schmiet-Keusche und Gründt* eingetragen. Noch im selben Jahr wird **Alois Seebacher** Besitzer auf diesem Anwesen. 1652 ist wohl der Sohn von Alois, **Gory Seebacher,** Besitzer der Realität und leistet Abgaben für eine Schmiede, eine Keusche und *Gründten*.

1687 *Verehrt* **Valtan Weinzierl** *das Halbhübl am Georgenberg.* Nach dessen Absterben geht die *Keischen* im März 1692 mit 90 fl Leykauf 7 fl an **Gregor Widmann** *Freystüttlich über weil sie der Herrschaft anheim gefallen.* Zu gleicher Zeit verehrt Gregor Widmann auch eine Keusche des Michael Gruntschnig aus Velden um 100 fl. Gregors finanzielle Lage hat ihn dazu veranlasst, beim Gewerken Georgy Syder aus Seebach bei Villach, 92 Gulden aufzunehmen, da 1750 noch eine Restschuld von 9 fl 29 kr besteht.

Zeitgleich dürfte auf diesem Anwesen auch ein Eisenerzabbau begonnen worden sein, dessen Spuren heute noch ersichtlich sind, und eine Datierung anhand von Bohrlochpfeifen mit Ende des 17. bis zu Beginn des 18. Jh. erlaubt.

1694 zahlt Simon Schmidt *von einer Keusche nebst Bann Gricht geleg sambt Contribl. item 4 fl ein Stuchkalb in Gelt 1 fl 4 kr dan von der Sag 5 fl.*

Im Februar 1718 übergibt Gregor Widmann *die Keischen und Schmieten samt allen seinen Sohn Jacob um die Ehrung von 16 fl Leykauf 1 fl 30 kr.* **Jacob Widmann** und seine Frau **Margarethe** bekommen die Kinder Maria, geb. 1737, die im Februar 1760 den Thomas Mayritsch, einen Sohn des Franz und der Ursula, heiratet. Ursula, geb. 1740, +1740, Ursula, geb. 1741, sowie Magdalena. Sie ehelicht im September 1756 den aus Stallhofen stammenden Simon Rießer. Als Trauzeugen sind *Gregor Winngler* aus Stallhofen und *Matheo Philly* aus Sternberg eingetragen.

Jakob Widmann verstirbt im Alter von 50 Jahren im April 1743. Seine Frau Margarethe folgt ihm 68-jährig 1770.

Der Besitzer **Andree Widmann,** ein Sohn des Jakob, hat **Maria** geheiratet. Der Ehe entstammen Mathias, geb. 1751, Maria, geb. 1753, +1813, als Gästin beim vlg. Tomasch in Kantnig, Martinus, geb. 1752, +1752, Martinus, geb. 1755, wird den Besitz übernehmen, Simon, +1758, Josephus, geb. 1760 +1762, Georgi, geb. 1764 und Elisabeth, geb. 1769. Maria, *die alte Schmiedin,* endigt im Februar 1800 75-jährig.

Im Oktober 1777 verehrt **Martin Widmann** *die Schmiedkeusche, Vermög-Stütt eine halbe Hube* um die *Ehrung von 19 fl 39 kr und Gräfin Leykauf 2 fl* was zusammen 21 fl 39 kr ausmacht. Zeugen dieser Übergabe sind Nikolaus Gaggl und Gregor Sturm, die beide aus Terlach stammen. Martin heiratet **Anna Feichter** vom vlg. Gnuat aus Umberg.

Der Ehe entstammen 10 Kinder. Antonius, geb. 1780, der spätere Besitzer, Barbara, geb. 1781, Primus, geb. 1783, Theresia, geb. 1785, Elisabeth, geb. 1786, Lorenz, geb. 1788, Helena, geb. 1790, Joseph, geb. 1793, Maria, geb. 1794, Margaretha, geb. 1796. Der Besitzer Martin Widmann verstirbt an hitziger Krankheit 1797. Seit 1772 scheint er als Mitglied der „Arme-Seelen-Bruderschaft" in Sternberg auf, wo auch Andreas (Andree) Widmann und seine Frau Maria eingetragen sind. Die alte Schmiedin Anna Widmann verstirbt im März 1834 72-jährig.

Theresia, geb. 1785, hat Georg Weiß aus Weinzierl geheiratet. Im April 1813 stirbt ihre Tochter Barbara hier 1-jährig. In 2. Ehe mit den 44-jährigen Zanker Philipp scheint sie 1821 in Lichtpold Nr. 3 auf.

Elisabeth, geb. 1786, bekommt im September 1814 mit Johann Kamnig vom vlg. Schubl in Kantnig Tochter Ursula.

Die 1794 geborene Maria wird Mutter von 2 Söhnen. Johann, geb. 1820, +1820, und Thomas, geb. 1825, +1825, sterben im Kleinkindalter. Später heiratet Maria den Einwohner Thomas Frank und bekommt mit ihm Tochter Magdalena, die in einer anderen Pfarre geboren wird. Magdalena kehrt als ledige Dienstmagd zum vlg. Schmied zurück und entbindet im August 1865 Tochter Magdalena, die im März 1867 hier verstirbt.

Der 24 Jahre alte Schmiedsohn **Anton Widmann,** ab 1827 Besitzer des vlg. Schmied, schließt im Mai 1803 mit der gleichaltrigen **Maria Katholnig** in der Pfarrkirche zu Sternberg den Bund fürs Leben. Maria stammt vom vlg. Ulrich aus St. Ulrich bei Villach. Der Ehe entstammen 13 Kinder. Barbara, geb. 1804, +1860, Maria, geb. 1806, +1809, Maria, geb. 1807, Anna, geb. 1809, +1819, Theresia, geb. 1811, +1816, Magdalena, geb. 1812, +1813, Anton, geb. 1814, +1816, Leonardus-Antonius, geb. 1815, übernimmt 25-

jährig den väterlichen Besitz, Magdalena, geb. 1817, Ursula, geb. 1821, Jakob, geb. 1823, +1829, Agathe, geb. 1825, Catharina, geb. 1827, +1862 in Sekull.

Das Schicksal schlägt auch bei der Familie Widmann mit unbarmherziger Härte zu. Allein im März 1816 sterben innerhalb von 7 Tagen 2 Kinder an den Blattern.

Die Familie von Anton ist aber auch in finanziellen Problemen geraten, wie aus dem Landsgerichtsprotokoll von Velden ersichtlich wird. Im Februar 1807 findet sich dort folgender Eintrag: *Ich Anton Widmann, Unterthan der Herrschaft Landskron, bekenne das ich den ver-*

Josche Maria, um 1930
Leihgabe: Fam. Helmut Krainer

storbenen Thomas Hörmann – seinen Sohn Bartholomä und Tochter Apollonia seit 17. 04. 1806 36 fl und 34 Ducaten schulde, ich gelobe alles zurück zu zahlen und dafür die Schmiedkeusche, mit Recht und Gerechtigkeit, bei der Herrschaft intabulieren zu lassen. Zeugen sind: Dyoniß Wazenig in Bergl und Lucas Orrasch in Wudmad vlg. Jellitschhube.

Im Juni 1838 leiht sich Anton von der „Gräfitschkeuschlerin" Anna Zitterer 100 Gulden aus, die erst 1866 gänzlich zurückgezahlt sind.

Anton hat 1848 das Weltliche mit dem Geistlichen gewechselt. Seine Frau Maria folgt ihm 1857.

Barbara, geb. 1804, bekommt mit dem Premischelnigbauern Simon Regatschnig aus Terlach 1830 Tochter Maria, die 1831 verstirbt.

Maria, geb. 1807, (hier dürfte sich der Pfarrer verrechnet haben, vgl. dazu Messnerei Nr. 5) heiratet im Juli 1838 Anton Nagele, der am 12. März 1853 hier im Alter von 56 Jahren durch Tod abgeht.

Magdalena, geb. 1817, bekommt im März 1840 Sohn Urban und heiratet 1843 den Bestandschmied Vinzenz Stotz aus Rajach Nr. 6.

Ursula, geb. 1821, bekommt 1841 Sohn Valentin, Simon, 1843, +1843, und Ursula, 1853, +1853. Vater ihrer Kinder ist der aus Ragain stammende Philipp Vohn. 1870 schließt ihr Sohn Valentin mit Maria Themel aus Licht-

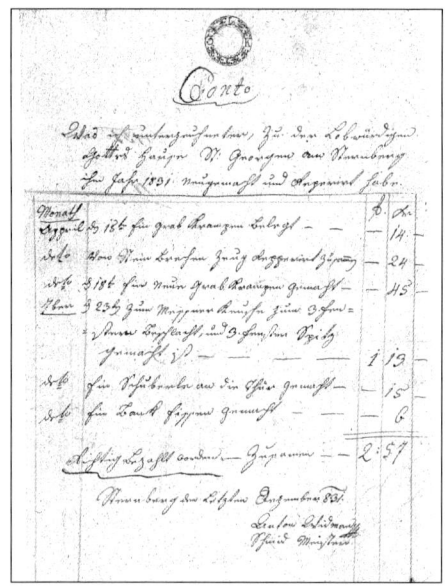

Rechnung aus dem Jahre 1831

pold Nr. 3 in der Pfarrkirche von Lind den Bund fürs Leben. Er ist Pächter der Schmiedkeusche in Damtschach, wo auch sein Sohn Thomas im November 1873 verstirbt und am Friedhof in Sternberg beerdigt wird. Ursula selbst heiratet im Februar 1855 den Letternigkeuschler Barthl Sakoparnig.

Catharina (Katharina), geb. 1827, bringt im März 1851 Sohn Lukas zur Welt, der 1852 verstirbt. 1888 heiratet sie Omann Jakob und wohl nach dessen Tod 1892 Kometer Johann vom vlg. Anderlitsch aus Kaltschach Nr. 1

Agathe, geb. 1825, arbeitet als Dienstmagd. Vater ihrer Tochter Josepha, geb. 1851, +1852, ist der Kupferschmied Michael Meichel.

Besonders interessant erscheint, dass im August 1824 der Zimmermann Johann Buchner und die Bergknappin Elisabeth Slekin, beide stammen aus Bleiberg, als Taufpaten beim vlg. Magsche aufscheinen. Auch 1828 ist ein Bergknappe aus Bleiberg als Taufpate in Terlach Nr. 12 eingetragen. Ob ein Zusammenhang mit dem Bergbau beim vlg. Schmied besteht, bleibt gegenwärtig rein spekulativ.

Ab 1840 ist der zu diesem Zeitpunkt 25-jährige **Leonardus (Leonhard) Widmann** als Besitzer eingetragen. Im Februar 1843 heiratet er in der Pfarrkirche zu Sternberg die 27-jährige **Barbara Pichler**. Sie ist die Tochter des Lucas und der Maria, geborene Rumpold. Trauzeugen sind der *Gräfitschkeuschler* Nikolaus Zitterer und der Besitzer des vlg. Schodernig in Sand. Die Ehe bleibt ohne Nachkommen. Aus den Urkunden geht hervor, das Leonhard Widmann mit massiven Geldproblemen zu kämpfen hatte. So hat er 1842 bei Mathias Griblacher 200 Gulden aufgenommen (intabuliert) und im Jänner 1843 bei Pfarrer Lesjak 100 fl sowie im Juni 1844 50 fl.

Im Oktober 1850 verkauft er das Anwesen an Thomas Stohsier und so endet nach knapp 160 Jahren die Besitznachfolge der Widmann's am Sternberg. Trotzdem bleiben einige Familienmitglieder hier sesshaft.

Leonhard endigt sein Leben am Neujahrstag des Jahres 1867 als Taglöhner und Einwohner in der Ortschaft Obergöriach Pfarre Kranzelhofen.

Woher der neue Besitzer **Thomas Stoßier** kommt, kann nur vermutet werden. Möglicherweise stammt die Familie aus Schiefling am Wörthersee. Thomas ist mit **Ursula Jesenigg**, Tochter des Andreas und der Ursula, +1856, geborene Jessenitschnig, verheiratet. Der Ehe entstammen 2 Söhne und 6 Mädchen. Anna wird wohl in der Heimatpfarre des Thomas geboren sein, wie auch Mathias, geb. 1847, der 81-jährig, ledig, 1928 sein Leben endigt. Er dürfte im Erwachsenenalter nach Schiefling gezogen sein, wo er als Steinbrecher arbeitete. Franz, geb. 1852, +1907, Maria, geb. 1855, +1932, Theresia, geb. 1859, Magdalena, geb. 1862, +1865, Katharina, geb. 1864, stirbt im August 1939 als verehelichte Pagitz in Graz, Petrus, geb. 1866, und Ursula, geb. 1868.

Mündliches Testament des Thomas Stosier vom 16. 09. 1872:

Nachdem ich in meiner Krankheit keine Hofnung mehr habe auf ein Aufkommen, so finde ich es notwendig über mein Hab und Gut vor diesen 3 Zeugen unterfertigt meinen letzten Willen anzuleiten.

Vor meiner Heirat habe ich keinen ordentlichen Wohnsitz gehabt, habe nur auf die Hand geheiratet und habe mit meiner Ehegattin so beschlossen, das hier nach den anderen erbe und schreibe all mein Hab und Gut meiner Ehegattin als Eigentum zu.

Zeugen: Franz Feichter und Jakob Mandlitsch, Namensfertiger: Anton Fille.

Thomas Stoßier endigt 60-jährig im September 1872 sein Leben. Seine Frau Ursula erbt den Besitz, dessen Wert zu diesem Zeitpunkt 929 Gulden beträgt.

Anna, die Tochter des Thomas und der Ursula, bekommt im Juni 1876 Sohn Johannes, +1878. Maria, die Schwester der Anna, geb. 1855, schenkt im Februar 1879 Sohn Johann das Leben. Als Vater erklärt sich 1883 der aus Globasnitz stammende Martin Josche. Zwischenzeitlich hat die Familie in einer anderen Pfarre gelebt, da ihre Töchter Maria, geb. 1884, +1911, und Magdalena, geb. 1888, nicht im Taufbuch von Sternberg eingetragen sind.

Nun wechselt die Besitzfolge so rasch, dass innerhalb von 4 Jahren 5 Besitzer aufscheinen.

Nach einem Leibrentenvertrag mit Ursula Stoßier wird im Jänner 1875 **Thekla Steinhauser** Besitzerin des vlg. Schmied. Im Jänner 1876 wird das Eigentumsrecht an eine Person namens **M ? Steinhauser** übertragen, deren

Vorname unleserlich ist. 1877 Erwirbt **Mathias Stoßier** um 1250 fl das Anwesen, welches im November 1878 an **Willitsch Johann** käuflich übergeht. Im November 1879 ist das Eigentumsrecht für den Schmied **Striehs Valentin** um 1005 fl einverleibt. Er stammt aus Tolmain (Slo.), wo sein Vater Mathias eine Realität besitzt.

Testament der Theresia Striehs: vom 18. 03. 1883:

Ich Endesgefertigte Theresia Striehs geb. Winkler (Stallhofen vlg. Rachmann) vermache mein Eigentum 50 fl meinen Bruder Johann Winkler, meinen Schwestern Maria 50 fl Anna vlg. Thumer 50 fl und der Margarethe in Unterjeserz 50 fl. Habe meinen Mann 500 fl zum Kauf der Keusche geliehen ...

Zeugen: Georg Oprisnik und Franz Reiner. Namensfertiger: Anton Fille.

Seine Frau Theresia stirbt hier 47-jährig im März 1883. Der nun 63-jährige Valentin verehelicht sich im November 1885 mit der 37 Jahre alten Elisabeth Baumgartner, die als Gästin beim vlg. Stourotz wohnt.

1883 ist **Martin Joschi** als Besitzer des vlg. Schmied und 1/16 Nachbarschaftsanteil eingetragen. 1884 erwirbt **Franz Hoja** um 1400 fl die Realität. 1893 scheint **Albert Havel** als Käufer auf. Er übersiedelt später zum vlg. Gräfitsch und endigt dort im Jahre 1916 im Alter von 61 Jahren sein Leben. Im Jänner 1903 kauft **Maria Josche** den vlg. Schmied zurück. Maria Josche stirbt 77-jährig 1932, ihr Mann Martin im Oktober 1934.

Im Übergabevertrag vom 25. Februar 1911 scheint **Franz Feichter** als neuer Besitzer des vlg. Schmied auf. Franz hat zuvor (20. 02. 1911) die 23-jährige **Magdalena Josche** in der Pfarrkirche zu Sternberg geehelicht. Franz ist der Sohn des bereits verstorbenen Franz und der Agnes, geborene Regatschnig. Trauzeugen sind Mathias Vospernik aus Terlach und Michael Mayer. Ihre Tochter Maria*, geb. 1911, wird später das Anwesen erben. Franz Feichter wird in den Kriegsjahren 1914-1918 zum Militärdienst eingezogen und an der Isonzofront eingesetzt. Zufällig gelingt es dem passionierten Musiker (Trompeter), in der Militärkapelle aufgenommen zu werden. Nach dem Krieg kehrt Franz unversehrt heim und gründet die Feichterkapelle, die in den folgenden Jahrzehnten bei unzähligen Veranstaltungen im ganzen Land auftritt. Die Frau des Franz, Magdalena, verstirbt im Alter von 25 Jahren, im 2. Ehejahr.

Der nunmehr 38-jährige Tischlermeister Franz heiratet im Mai 1918 die 40-jährige **Luzia Majritsch,** geborene Eckart, 1871. Diese hat aus erster Ehe Tochter Maria mitgebracht, die im Februar 1931 Sohn Heinrich-Valentin

Von li. Luzia Majritsch, verehelichte
Feichter, Maria, verehelichte Ziegler,
Maria, verehelichte Krainer
Leihgabe: Fam. Helmut Krainer

Maria Krainer, geborene Feichter, 1931
Leihgabe: Fam. Helmut Krainer

das Leben schenkt. Luzia, die geprüfte Hebamme, scheint bei vielen Geburten als Geburtshelferin auf. *In einer Stellungname der Gemeinde bzgl. des 25-jährigen Dienstjubiläums der Hebammen Maria Rapetschnig und Luzia Feichter wird am 22. August 1936 beschlossen, für ihr langjähriges opferbereites Wirken ein Anerkennungsschreiben zukommen zu lassen, da eine Geldaushilfe mit Rücksicht auf die finanzielle Lage der Gemeinde nicht möglich ist.*

29 Jahre alt ist der Telegraphenarbeiter **Georg Krainer** – der spätere Besitzer – als er im Juli 1935 die 24-jährige **Maria Feichter** in der Kirche zu Sternberg ehelicht. Diese bringt Tochter Cäcilia in die Ehe mit. Trauzeugen sind der Besitzer Urban Laßnig aus Kaltschach und Gregor Feichter, der Onkel von Maria. 1936 erblickt Tochter Anna-Maria das Licht der Welt und kurz nach Kriegsbeginn im September 1939 Sohn Helmut-Franz. Georg Krainer wird zur Deutschen Wehrmacht eingezogen. Nach einer Verwundung kehrt er in die Heimat zurück und wird im Lazarett (Hotel Mösslacher in Velden) gesundgepflegt. Dort trifft er auch auf Jakob Fischer vom vlg. Wazenig. 1947 ist Maria Krainer, geborene Feichter, als Besitzerin eingetragen.

Dienstboten, Gäste

Catharina Laurenty geb. 1751, +1752.

Georg Widmann geb. 1766, +1767

Im März 1806 stirbt die 63-jährige Gästin **Maria Widmann** an Epydemie. Sie könnte eine Tochter des Jakob Widmann sein.

Maria Gamnig verstirbt knapp 2-jährig im März 1815.

Maria Feichter, die 1834, 74 Jahre alt, aus dem Leben scheidet, dürfte die Schwester der Anna Feichter, verehelichte Widmann sein.

Eine hier völlig **unbekannte** taubstumme fremde **Bettlerin** bringt am 4. April 1836 Sohn Anton zur Welt.

Im April 1836 stirbt der uneheliche Ziehsohn **Anton Widmann** im Alter von 15 Monaten.

Im März 1840 ist im Sterbebuch der 7-jährige **Valentin Widmann** eingetragen.

Der 1873 im 54. Lebensjahr verstorbene **Michael Jesenigg** dürfte ein Bruder der Ursula, verehelichte Stoßier, sein.

Im Jänner 1878 verstirbt die 6-jährige **Maria Fleischhacker.**

Feichterkapelle um 1920   Leihgabe: Fam. Helmut Krainer

Im Februar 1882 heiratet der 52-jährige Schindelmacher **Rupert Pibal** die 51-jährige **Maria Schwarzröck** aus der Pfarre Tiffen. Trauzeugen sind: Markus Pöcheim vom vlg. Letternig und Franz Pibal aus der Pfarre Techelsberg.

Am 3. Februar 1884 findet hier die Heirat des 39-jährigen Hadernsucher **Andreas Terlinkar** mit der **Marianne,** geborene **Rasic** statt. Andreas ist der Sohn des Josef, eines gewesenen Bauern in der Loge Nr. 1. Trauzeugen sind: der Schmied Valentin Striehs und Anton Fille vlg. Stourotz.

Maria Maier, geb. ca. 1808, +1896, **Anna,** totgeborenes Magdkind der Einwohnerin **Aloisia Zwischenberger,** 1896, und **Elisabeth Reitz,** +1898, 66-jährige Auszüglerin, sind in den Sterbematriken von Sternberg eingetragen.

Josefa Kaiser, eine ledige Gemeindearme aus Kerschdorf verstirbt 38-jährig im Dezember 1902.

Die Herkunft von **Magdalena Stölzl,** die im Alter von 86 Jahren 1907 hier verstirbt, bleibt ungeklärt.

Johann Happe und die aus der Pfarre Kranzelhofen stammende Magd **Barbara Paier** bringen im November 1925 Tochter Magdalena zur Welt.

Zur Untermiete wohnen um 1935 die Haushaltsgehilfin **Antonia Schedina** aus Kaltschach und der Arbeiter **Ludwik Kahn** aus Fresnitz, beim vlg. Schmied. Im Jänner 1935 wird dort ihre Tochter Gertrud geboren. Das Paar zieht nach Spittal an der Drau und heiratet 1939. Tochter Gertrude heiratet nach Gemona (Ita.).

Der Bäcker **Johann Schneider** aus der Pfarre Köttmannsdorf und **Theresia,** geborene **Kropfitsch,** leben zumindest in der Zeit zwischen 1937 bis 1939 in diesem Haus. Ihre Kinder Johann, geb. 1937, Margarethe-Rosalia, geb. 1938 und Adolf, geb. 1939 kommen hier zur Welt.

Ein Erlebnis besonderer Art war für uns das Zusammentreffen mit der ältesten Sternbergerin, **Maria Krainer,** im Haus ihres Sohnes Helmut in Sternberg.

Von den Leiden des Alters (Seh- und Hörschwäche) gezeichnet, sitzt uns eine humorvolle liebenswürdige Oma gegenüber und erzählt aus ihrem Leben. Vieles freilich hat sie bereits vergessen, aber mit Geduld lässt sich das Bild eines Lebens zeichnen, dessen Entbehrungen und Härte, aber auch Glück und Zufriedenheit, sich in ihrem Gesicht widerspiegelt.

Im August 1911 ist sie in Sternberg geboren. Vater Franz Feichter und Mutter Magdalena Josche haben sich im Februar zuvor in der Pfarrkirche

Maria Krainer, um 1929
Leihgabe: Fam. Helmut Krainer

von Sternberg das Ja- Wort gegeben. Kaum 2 Jahre später stirbt ihre Mutter, und nicht lange danach wird der Vater zu den Waffen gerufen, nach Italien geschickt, und sollte erst nach 4 Jahren zurückkommen.

Zurückblickend spricht sie von ihrer Kindheit, aus der ihr besonders die langen Fußmärsche nach Villach in die Kreuzkirche gut in Erinnerung geblieben sind. Um 5 Uhr morgens sei sie mit ihrer Großmutter losgegangen, barfuß, um die Schuhe zu sparen, auf den schlechten Straßen ohne Asphalt.

Etwas, an das sie gerne zurückdenkt, ist der Schulbesuch in Sternberg. Aber eine Begebenheit aus dieser Zeit macht sie noch heute schweigsam und nachdenklich.

Dort, wo die Straße durch die verfallenen Mauerreste der alten Burg führt, sei ihr ein Mann aufgefallen, mit schwarzer Kleidung und silberfarbener Kopfbedeckung, der scheinbar ruhelos zwischen gefällten Baumstämmen hin und her wanderte. Ängstlich und verstört erreicht sie, nach Umwegen, die Schule, erzählt den anderen von ihrem seltsamen Erlebnis und erfährt vom Galgen, der an dieser Stelle gestanden haben soll. Unzählige Male führte ihr Weg dort vorbei, und unzählige male, auch Jahrzehnte danach, hat sie sich an dieser Stelle bekreuzigt, im Gedanken an eine unerlöste Seele.

Nachdem der Vater aus dem Krieg heimgekehrt war, hat er wieder geheiratet, Luzia Majritsch, hieß ihr Stiefmutter, die auch eine kleine Maria in die Ehe mitbrachte. Während der schweren Jahre in der Zwischenkriegszeit gründete ihr Vater die Feichterkapelle und musizierte, so oft es nur ging. Mit dem Verdienst und der kleinen Landwirtschaft hielt sich die Familie über Wasser.

Als sie zu einer hübschen jungen Frau herangewachsen war, hat sie 1935 in Sternberg den Telegraphenarbeiter Georg Krainer geheiratet.

1936 ist ihre Tochter Anna-Maria geboren und 1939 Sohn Helmut-Franz.

Im 2. Weltkrieg wird Georg in den Militärdienst einberufen und nach Rumänien geschickt. Eine Verwundung führt ihn über Wien nach Velden ins Lazarett, von wo er nach seiner Genesung in die Kriegsgefangenschaft nach Deutschland gelangt.

Wenige Wochen nach Kriegsende kommt ihr Mann nach Hause zurück, völlig verwahrlost und bis auf die Knochen abgemagert, muss er sich erst wieder an ein normales Essen und Leben im Kreis der Familie gewöhnen. Viele schöne Jahre in Sternberg folgten. In der Keusche, die schon ihre Großmutter gekauft hatte lebte sie mit ihrem Mann. Dort zog sie die Kinder groß und dort hat sie den Großteil ihres Lebens verbracht.

Nach dem Tod ihres Mannes 1983 verlässt Maria die Keusche und zieht in das Haus ihres Sohnes.

Fürsorglich betreut von ihrer Schwiegertochter, umgeben von Enkel und Urenkel, verbringt sie heute ihre Tage, lächelt zufrieden und sie denkt zurück an die Sonnen- und Schattenseiten ihres Lebens, an Sterz und Milch, an die Zeit in der Eltern noch „per Sie" angesprochen wurden, an die alte Mühle neben der Keusche, wo sie mit den Nachbarskindern unter dem Mühlrad badete, wenn die Sonne heiß auf Sternberg brannte.

Es scheint ihr, als wäre es gestern gewesen, so schnell sind die Jahre ins Land gezogen, heute an diesem letzten sonnigen Maitag.

Maria und Franz
Waldhauser mit
Tochter Maria
und Sohn Friedl
um 1935
   Leihgabe: Fam.
Franz Waldhauser

Magsche Nr. 12

GH: Gradenegg
Keusche

Als erste in der Reihe der Besitzer finden wir 1765 *Ursula Stinglerin,* geb. 1735, +1796. 1787 ist **Michael Moser** Besitzer des vlg. Magsche. Der um 1744 geborene Michael ist mit **Eva** verheiratet. Eva endigt 1796 im 56. Lebensjahr ihr Leben. Michael folgt ihr 1824 im 80. Lebensjahr.

Caspar Wenzel, geb. um 1794, +1844, heiratet die im 30. Lebensjahr stehende **Maria Baumgartner** 1818 in der Pfarrkirche zu Sternberg. Maria bringt ihre ledige Tochter Elisabeth in die Ehe mit.

Caspar, der mit der Berufsbezeichnung Knappe eingetragen ist, liefert uns einen möglichen Hinweis auf den Bergbaubetrieb am Sternberg. Seine Frau Maria ist die Tochter des Lukas vlg. Schodernig und der Agnes, geborene Stotz. Maria ist also die Schwester der 1800 beim Wazenig verstorbenen Ursula. Das Paar ist nach der Geburt ihres Sohnes Thomas 1824 für einige Jahre in eine andere Pfarre gezogen. Erst 1828 scheint die Familie neuerlich in Sternberg auf. In diesem Jahr verstirbt ihre 8 Monate alte Tochter Maria an Fraißen.

Franz Waldhauser beim Böllerladen
Leihgabe: Fam. Franz Waldhauser

Caspar verstirbt 1844, sein Sohn Thomas erbt das Anwesen. Mutter Maria endigt 1856 66-jährig ihr Leben.

Der nächste Besitzer **Thomas Wenzel**, Sohn des Caspar, ist mit **Katharina,** geborene Rabitsch verheiratet. Als Mitgift bringt die Braut 200 Gulden in die Ehe ein. Katharina ist die Tochter des Johann und der Elisabeth, geb. um 1798, +1868 in Sternberg, geborene Treiber aus Latschach. Der Verbindung entstammen 3 Knaben und 6 Mädchen. Johann, geb. 1852, wird den Besitz übernehmen, Johann, geb. 1854, +1854, Theresia, geb. 1856, Maria, geb. 1857, +1858, Anna, geb. 1859, Elisabeth, geb. 1861, bekommt im April 1881 Tochter Maria, die in der Besitznachfolge aufscheint, Maria, geb. 1863, Josepha, geb. 1866, und ein totgeborener Knabe 1869. Katharina ist in der Pfarre Sternberg als Geburtshelferin tätig.

21. 01. 1873 Testament des Thomas Wenzel:

Da ich sehr krank und keine Hoffnung auf ein Aufkommen habe, so finde ich es notwendig mein Hab und Gut zu verwenden:

Die Keusche gehört meiner Ehefrau, die Kuh gehört auch ihr, sie muß aber auch die Kosten für eine anständige Beerdigung, Oktav und hl. Messe tragen.

Ich kann meinen Kindern kein Erbe verteilen, da die Keusche sehr klein, und die Kinder sind noch drei dienstunfähig und fallen der Mutter zur Last.

Zeugen: Georg Regatschnig und Johann Piber. Namensfertiger Anton Fille.

Die Sterbediagnose Auszehrung bezeichnet eine Lungenkrankheit, in deren Verlauf der Körper stark abmagert. Auch bei Thomas Wenzel ist dies der Fall. Er verstirbt 1873 im Alter von 49 Jahren. Seine Frau Katharina verstirbt 1913 87-jährig.

1914 ist Elisabeth Wenzel Besitzerin des vlg. Magsche. Sie endigt ihr Leben 1927 an Herzlähmung.

Johann Wenzel heiratet 1877 die 27 Jahre alte **Gertraud Zangl**. Gertraud ist die Tochter des Georg, gewesener Zuschlagbauer in St. Martin am Techelsberg, und der Maria, geborene Orasch. Trauzeugen sind Georg Regatschnig und Primus Sturm, Lehrer und Organist am Sternberg. Die Kinder Petrus und Maria werden 1878 bzw. 1880 geboren.

1927 scheint als Besitzerin **Maria Wenzel**, eine Tochter der Elisabeth, auf. Die Besitzerin heiratet 1927 den Holzarbeiter **Christian Schwaiger**. Christian ist der Sohn des Friedrichs, eines Besitzers in Tarvis, und der Maria, geborene Gonk.

Franz Waldhauser und Maria Krainer
Leihgabe: Fam. Helmut Krainer

145

Nach der Heirat verkauft Maria die Realität an **Franz Waldhauser**.

1928 scheint im Sterbebuch von Sternberg zum ersten Mal der Name Wald-hauser beim vlg. Magsche auf. In diesem Jahr wird das knapp 2 Monate alte Kind Franz zu Grabe getragen. Vater dieses Knaben ist der neue Besitzer Franz Waldhauser*, geb. 1900. Dessen Eltern Johann und Theresia, geborene Pir-ker, stammen aus Altfinkenstein und haben sich in Terlach sesshaft gemacht. Seine Frau Maria, geborene Reitz, ist die Tochter des Johann vlg. Terlacher und der Agnes, geborene Weiß. Drei Kinder werden in Sternberg geboren. Anton, geb. 1929, Theresia, geb. 1931, +1931 und Franz, geb. 1939.

Dienstboten, Gäste

Achazius Mayer, geb. um 1718, +1793.
Maria Klausin, geb. um 1722, +1794, als Witwe.
Ursula Franz, geb. um 1737, +1807.
Agnes Mayer, geb. um 1751, +1832.

Barthl Baumgarnter, geb. 1846, +1846, lediger Sohn der **Elisabeth,** Toch-ter der Maria, verehelichte **Wenzel.** Elisabeth hat mit dem ledigen Knecht **Rupert Truppe** Tochter Magdalena, geb. 1842, und Elisabeth, geb. 1848. Bei ihrer Tochter Maria, geb. 1844, ist keine Vaterschaft angegeben.

Elisabeth Rabitsch, wohl eine Schwester der Katharina, geb. um 1827, +1877, als ledige Einwohnerin.

Maria Kamnig, geb. um 1798, +1882.

Maria Rabitsch, eine Schwester der Katharina, geb. um 1814, +1889.

Die ledige Einwohnerin **Agnes Trink** und der Musikant **Johann Pinte-ritsch**, Sohn des Johann und der Maria, geborene Lepuschitz, bekommen 1845 Sohn Anton Trink.

Agnes Hunner, ledige Einwohnerin aus Tolmain, geb. um 1840, +1902.

Anton Gaggl, geb. 1908, +1909, Sohn der Anna.

Maria Melcher, Tochter des Joseph vlg. Blasche zu Terlach und der Maria geborene Reichmann, entbindet im Oktober 1846 Bartholomä, +1846.

Katharina Gallob, Dienstmagd, bringt 1825 Kaspar zur Welt. Katharina ist die Tochter der Anna Gallob, Gästin aus Latschach.

Der vom vlg. Lorenz aus Sand stammende **Johann Petritsch** und die **Ka-tharina Schorsch** bekommen 1859 Sohn Johann. Katharina ist die Tochter des Andreas und der Katharina, geborene Warum.

Im März 1861 erblickt Josef das Licht der Welt. Vater ist **Andreas Supigg,** Einwohnersohn des Mathias und der Luzia, geborene Kamnig. Mutter: **Theresia Kockl,** Tochter des Florian und der Maria, geborene Jakobitsch.

Die Näherin **Agnes Kabilar** bekommt 1880 Tochter Maria. Agnes ist die Tochter des Johann, Keuschler zu Petschnitzen, und der Katharina, geborene Schalle.

Im September 1884 wird Jakob geboren. Vater ist der Spengler **Jakob Ratz.** Mutter **Maria Pichler,** sie ist die Tochter des Peter und der Rosina, geborene Tempfer aus Trabenig.

*Franz Waldhauser wurde am 17. März 1900 als Sohn des Johann und der Theresia, geborene Pirker, in Terlach geboren.

Mit seiner Frau Maria, geborene Reitz, erwirbt er 1927 den vlg. Magsche am Sternberg und betreibt dort eine kleine Landwirtschaft. Um als Selbstversorger während der wirtschaftlich äußerst angespannten Zwischenkriegszeit überleben zu können, pachtet die Familie Pfarrgründe und arbeitet als Gegenleistung in der Landwirtschaft von Pfarrer Hensel.

Der Holzknecht wurde während des 2. Weltkrieges bei der Landwache eingesetzt und hatte die Aufgabe, in der Umgebung Sternbergs Partisanenverbände ausfindig zu machen. Bei dieser Tätigkeit wurde er auch Zeuge des Mordes an Ferdinand Prägatbauer durch eine Gruppe von Partisanen.

Nach dem Krieg arbeitet Franz als Gemeindebediensteter und geht 1960 in den wohlverdienten Ruhestand.

Über viele Jahre hinweg beschäftigt er sich während der Osterfeiertage mit dem Böllerschießen am Sternberg.

1969 verstirbt seine Frau Maria 67-jährig. Franz endigt sein Leben 1977.

Karlkeusche Nr. 13

GH: Damtschacher Unterthan
Keusche

1746 wird ein **Niklas Karl** genannt. **Antonius Kirchbaumer**, Besitzer der Karlkeusche, wohnt mit seiner Frau **Maria,** geborene **Angerer,** in der Karlkeusche. 1777 wird ihr Sohn *Joannes* (Johann) geboren. 1783 *verkauft Anton Kirchbaumer die Karlkeusche, welche er im Oktober 1772 um 15 fl verehrt hat.* **Urban Teppan,** der als Käufer auftritt, bezahlt für das Anwesen 400 Gulden sowie *15 fl Leykauf und 40 fl Abfahrt. Auszug für den alten Karl Angerer* (wohl der Vater von Maria) *unklagbar abzureichen und denselben die auf dieser Keusche haftende Schuld von 20 fl, Kleinweiß oder in der Not auf einmal zugeben, dann deßen Sohn Sebastian die Forderung per 30 fl unbeschwert zu bezahlen.* Weiters ist im Stiftsregister der Herrschaft Aichelberg – Damtschach von 1743 vermerkt, dass *wenn sich Urban Teppan verehelichen wird, seinen Weibe einen Heyratsbrief hinaus zu fertigen.* Teppan musste für die Herrschaft neben 7 Tagen Handroboth auch *Bothenweiß nach Klagenfurt und anderen Gegenden gegen a 7 kr sich gebrauchen zu lassen.*

1830 verkauft Urban Teppan die Realität *mit allen Beweglichen, Wohn und Wirtschaftsgebäude und Grundstücken* um 260 Gulden *an Ruppert Feichter.*

Ruppert Feichter ist mit **Elisabeth,** geborene **Dobernig,** verheiratet. Dass sie aus einer anderen Pfarre hierhergezogen sind, zeigt der Umstand, dass ihr Sohn Franz nicht in Sternberg geboren wurde. Ruppert verstirbt 1856 im Alter von 66 Jahren. Seine Frau folgt ihm 1862.

1844 ist **Franz Feichter**, der Sohn des Ruppert und der Elisabeth, als Besitzer eingetragen. In diesem Jahr heiratet der 21-jährige Besitzer die gleichaltrige **Maria Mayer**. Maria ist die Tochter der Maria, +1867, und des Mathias Burgstaller. Die Kinder Franz und Elisabeth werden 1844 bzw. 1846 geboren. Eine schwere Krankheit nimmt 1871 der Familie die erst 40-jährige Mutter.

1872 erwirbt die 28-jährige **Agnes Feichter** die Keusche um 1241 Gulden. Agnes hat sich mit dem 1844 geborenen Franz Feichter verehelicht. Sie ist die Tochter des Mathias Regatschnig und der Katharina, geborene Orharia, die in der Pfarre Latschach (Pogöriach) eine Keusche bewohnen. Das Ehe-

Gregor Feichter, um 1910
Leihgabe: Fam. Helmut Krainer

Valentin Feichter
Leihgabe: Fam. Helmut Krainer

paar Feichter bekommt ein Mädchen und zwei Knaben. Ursula, geb. um 1873, wird den Friseur Bartholomäus Pire aus Krain heiraten, der uns schon beim vlg. Letternig begegnet ist, Gregor, geb. 1876, der spätere Besitzer und Franz, geb. 1880, +1958, wird mit Magdalena Josche die Ehe schließen und den vlg. Schmied übernehmen. Die Besitzerin verstirbt 1900, ihr Mann Franz endigt sein Leben 5 Jahre später an Lungentuberkulose.

Nach dem Tod der Mutter hat **Gregor Feichter** 1901 die Keusche übernommen. Im selben Jahr heiratet er die **Maria Schneider.** Maria ist die Tochter des Johann vlg. Toscheinig und der Theresia, geborene Spendier in der Pfarre St. Egyden. Sechs Kinder entstammen dieser Ehe. Ein notgetaufter Knabe 1902, Franz, geb. 1903, der später das Anwesen übernehmen wird, Adam, geb. 1904, +1904, ein notgetaufter Knabe 1905, Gregor, geb. 1906 und Anna, geb. 1911 die später den Bürgermeister Johann Zerovnik heiratet.

Franz Feichter ist ab 1927 als Besitzer eingetragen.

Dienstboten, Gäste

1788 endigt **Georg Moser** 85-jährig sein Leben. Möglicherweise ist Georg der Bruder des Michael, der 1787 den vlg. Magsche besitzt.

Die erst 7-jährige **Magdalena Tomaschitz** verstirbt 1814.

Thomas Tomaschitz, der 69 Jahre alt wird, erliegt 1827 an Katharr.

1815 wird Oswaldus geboren. Er ist der Sohn des Johann N (Namenlos) und der Katharina, geborene *Zettinigin*.

Theresia Regatschnig, geb. um 1870, +1876, ist die Tochter der **Anna**, die wohl eine Schwester der Besitzerin Agnes ist. Theresia ist in Maria Gail geboren, in Sternberg gestorben und begraben worden.

Maria Feichter mit Enkelsohn Walter Zerovnik
Leihgabe: Fam. Walter Zerovnik

Der 33-jährige gemeindearme **Alois Baumgartner** verstirbt im Jänner 1879 an Wassersucht.

Der Instrumentenbauer **Valentin Feichter** verstirbt 1942. Zuvor war er 10 Jahre lang gelähmt. Die Familie Feichter erlangte aufgrund ihrer musischen Begabung große Bekanntheit und gestaltete auf unzähligen Festen die musikalische Umrahmung.

Von li.: Franz Feichter, Maria Feichter, Anni, geborene Feichter, und ihr Ehemann, der spätere Bürgermeister, Johann Zerovnik

Blaschekeusche/Jagglkeusche Nr. 14

GH: Damtschacher Unterthan
Keusche

Zumindest bei diesem Anwesen lässt sich das Datum der Erbauung fest-stellen. 1680 *Peter Christanig hat auf Terlacher-Grund die Keuscher er-baut.* Mit der Bezeichnung Terlacher-Grund ist wohl jenes Grundstück ge-meint, das zum Anwesen des vlg. Terlacher gehört.

1700 ist **Hannß Christanig** als Besitzer eingetragen. Er endigt sein Leben im Mai 1743 im Alter von 60 Jahren.

1748 heiratet **Blasius Pirger**, geb. um 1707, die 45-jährige **Maria Mairizin,** +1792. Trauzeugen sind der Keuschler Mathias Kunstl sowie der in Terlach wohnhafte Bauer Gregor Sturm.

1757 kauft **Jakob Winkler** von **Anton Terlacher** den vlg. Blasche. Die Keusche die **Georg Bürger** verehrt.

Der seit 1785 als Besitzer aufscheinende **Blasius Bürger,** +1820, der Sohn des Blasius und der Maria heiratet 1818 die **Magdalena Huainig**. Magdalena ist die Tochter des Caspar vlg. Rauschbauer in Weinzierl und der Maria, ge-borene *Writzin*.

Blasche-Keusche
um 1965
  Leihgabe: Fam.
  Josef Oprisnik

Nach dem Tod ihres Mannes 1820 besitzt **Magdalena Bürger** das Anwesen. Sie heiratet im April 1822 den 72 Jahre alten **Dyonis Widmann,** +1825, ehemaliger Besitzer der Motscheinigkeusche aus der Pfarre Lind.

1830 ist Thomas Dermautz, +1845, Bestandsmann bei der Blaschekeusche.

Magdalena Bürger verkauft 1831 die Realität (auch Gorikeusche d.h. Waldkeusche genannt) an Gregor Kuchler um 200 Gulden. Die Verkäuferin sichert sich das Wohnungsrecht zu. *Hat sich die Verkäuferin die lebenslängliche Wohnung im sogenannten Stubenkammerl, vorbehalten in dem Falle aber als sich die beyden Partheien miteinander nicht vertragen sollten, so erklärte die Verkaüferin diese vorbehaltene Wohnung gegen dem räumen zu wollen, das ihr Käufer sonderheitlich einen Beitrag per 10 fl, als Entfertigung hinauszahle ...*

Georg und seine Frau Theresia bleiben ohne Nachkommen und erstellen deshalb 1859 ein gegenseitiges Testament, in dem von der *Gorikeusche* die Rede ist.

1845 scheint **Margarethe Scheisel** als Besitzerin auf.

In ihrer testamentarischen Niederschrift von September 1872 räumt sie der Familie des Johann Pinteritsch das lebenslängliche Wohnrecht ein. Die Aufteilung erfolgt:

Meine Beerdigung soll auf eine anständige Art geschehen, dazu 60 fl. Für Lesung hl. Messen für mich und meinen verstorbenen Sohn 50 fl. Jahresbitten 10 fl.

Dem Kind meines Sohnes 50 fl.

Schuldig bin ich:

Der Bramerin in Sand 40 fl 60 kr, den Millneritsch auf der Drau 5 fl, meinen Schwestern Ursula 30 fl und der Loisa 30 fl und 5 fl. Der Überrest über die angeführten Posten soll unter meinen Geschwistern zu gleichen Teilen aufgeteilt werden. Die Loisa soll die Leitung führen...

Zeugen: Anton Fille Zeuge und Namensfertiger, Lukas Taschwer und Mathias Lederer. Die Besitzerin endigt nur 40-jährig 1872 ihr Leben.

1873 ist **Magdalena Wister,** +1891, als Besitzerin eingetragen. Sie ist mit dem Lehrer Oswald Wister, +1882, 79-jährig in Sternberg, verheiratet. Oswald leitete von 1859-1869 die Schule in Sternberg. In ihrer letztwilligen Verfügung vermacht sie den Besitz ihrer Ziehtochter **Katharina Brunner,** geb. um 1849, +1918. Sie ist die natürliche Tochter der Theresia, einer Unertochter aus Krottendorf. Katharina entbindet 2 Mädchen. Maria-Magdalena, geb. 1877, die spätere Besitzerin und Margaretha, geb. 1885.

Maria, die später den Besitz übernehmen wird, bekommt 4 Kinder. Anton, geb. 1896, +1896, Josef, geb. 1897, Anton, geb. 1899, +1902 und Margarethe, die sich mit dem Familiennamen Oprisnig schreibt. Ihr lediger Sohn Josef wird 1934 geboren. Der Vater von Margarethe ist **Franz Oprisnig,** +1945. Der aus der Pfarre Rosegg stammende Franz hat sich mit Maria verehelicht.

1944 ist **Margarethe Tischler,** geborene Oprisnig, als Besitzerin eingetragen. Sie hat im Februar 1942 den 48-jährigen Philipp Tischler geheiratet. Trauzeugen sind Franz Feichter aus Sternberg und der Bundesbahnbedienstete

Li. Franz Oprisnig mit Kameraden
Leihgabe Fam. Josef Oprisnig

Josef Brunner aus St. Leonhard bei Villach. Philipp stammt aus Littermoos, Gemeinde Rückersdorf und ist der Sohn des Josef und der Anna, geborene Starz. Nach dem Tod ihres Mannes Philipp schreitet Margarethe neuerlich vor dem Traualtar. 1948 heiratet sie den 43-jährigen Fabriksarbeiter Hubert Orasch aus Dragnitsch.

Dienstboten, Gäste

1791 verstirbt die 60-jährige **Susanne Kenzian.**

1842 erblickt **Maria Ranner** das Licht der Welt. Maria ist die Tochter der ledigen Dienstmagd Agnes.

Die sechs Monate alte **Anna Perhönigg,** Tochter der Luzia, verstirbt 1846.

Johann Pinterritsch ist der Sohn des Johann und der Maria, geborene Lepuschitz. Mit seiner Frau **Magdalena,** geborene **Dermauz,** besitzt er das le-

Familie Oprisnik um 1934

benslängliche Wohnrecht in der Blaschekeusche. Magdalena ist die Tochter des Thomas und der Anna, geborene Terlacher. 4 Kinder entstammen der Ehe mit Johann. Die Zwillinge Georg und Peter, geb. 1858, sterben wenige Wochen nach der Geburt. Theresia, geb. 1859 und Johann, geb. 1856, +1861. Vater Johann verstirbt 1870. Ein Jahr nach dem Tod des Johann wird Magdalena neuerlich Mutter. Ihr Sohn Andreas überlebt jedoch das Kleinkindalter nicht. Magdalena selbst schließt 1875 im Alter von 43 Jahren für immer die Augen.

1862 + **Stephan Brunner**, 3 Monate, Sohn der ledigen Barbara, wohl eine Schwester der Katharina.

1907 werden die Zwillinge Franz und Valentin geboren. Beide sterben kurz nach der Geburt. Ihr Vater ist **Lorenz Opriesnig**.

Trauntschnig Nr. 15

GH: Damtschacher Unterthan
Keusche

1576 verehrt **Andree Zitterer** *die schon am St. Georgen-Berg zur Halt gehörige Keischen auf Eigslebenslang.*

1651 hat **Clemens Suppig** *sein Gütl seinem Eydam* (Schwiegersohn) **Valentin Sturm** *übergeben.*

vlg. Trauntschnig Leihgabe: Fam. Alois Tschofenig

In weiterer Folge werden wir mit dem Namen Supigg konfrontiert, der nicht nur in den Kirchenbüchern und Urbarien des heutigen Gemeindegebietes von Wernberg zahlreichen Niederschlag findet, sondern auch zumindest in der Gegend um Köstenberg häufig vertreten ist. Alleine die familiengeschichtliche Erforschung dieser Sippe und ihrer weiten Verästelungen würden ganzen Buchseiten füllen und ein Forscherleben wohl gänzlich aufgehen lassen. Vielleicht sind diese Zeilen Ansporn für weitere Arbeiten auf diesem Gebiet.

Unter dem Namen Regina ist im Sterbebuch der Pfarre Sternberg eine Frau eingetragen, die am 6. Juni 1743 im Alter von 40 Jahren verstorben ist. Ob es sich hierbei um ein Familienmitglied der Familie Supigg handelt, wurde nicht weiter verfolgt. Ein Jahr später stirbt eine Catharina Supigg 30-jährig und 1752 ist Josephi Supigg 31 Jahre alt, im Sterbebuch der Pfarre Sternberg vermerkt. Im Geburtenbuch setzen die Eintragungen den vlg. Trauntschnig betreffend mit August 1755 ein. Der Besitzer **Joseph Supigg** und **Maria** *in der Wiesen* sind dort als Elternpaar mit Tochter Maria eingeschrieben.

Am 22. Dezember 1766 ist der Sterbefall Apollonia Supigg als vlg. Trauntschnig eingetragen.

1785 Verehrt **Antony Supick** von seinem Vater *Josef Supick*, +1798, *ein*

Ackerl für 1 Vierling Aussaat, Korn, 1 Ackerl bei der Keischen für 2 Vierling Aussaat und ein Krautackerl dabei. Keine Holzteilung, nur vom Herrschafts-wald und die Viehweide hat er beim Haus eingezäunt. Die Rusticalgabe mit 1 fl 11 kr, Dominicialgabe 1 fl 52 kr. Nach Angelobung alldessen wurde ihm die Ehrung erlassen und von ihm bezahlt. 12 fl Herrschafts-Leykauf 1 fl Pflegers-leykauf 1 fl 10 kr. Ehrungsschein samt Stempel 48 kr = 14 fl 58 kr Zeugen: Anton Widmann und Lucas Winkhler allhierige Urbarsunterthanen.

Anton Supigg, Sohn des Josef und der Maria, die nun mit dem Mädchen-namen **Maxin** (Max) aufscheint, hat mit **Theresia,** geborene **Drabohsnig,** zwischen 1784 und 1789 vier Kinder gezeugt. Johannes, geb. 1784, ist kurz nach der Geburt verstorben. Martin, geb. 1785, ist knapp 6 Monate nach der Geburt an Fraißen verstorben, Paulus-Antonius, geb. 1786, und Martin, geb. im Mai 1789. Danach ist bei einer Totgeburt 1792 als Mutter **Theresia Kenzian** angegeben, und bei Maria, die am 3. November 1794 das Licht der Welt erblickt, als Mutter **Theresia Repnigg,** +1823, die 2. Ehefrau des Anton, festgeschrieben.

Die hohe Kindersterblichkeitsrate zeigt auch hier, mit welcher Hilflosig-keit Eltern das Sterben ihrer Kinder mit ansehen mussten. Allein zwischen 1784 und 1792 sterben 3 Kinder von Anton Supigg, die das 1. Lebensjahr nicht vollendet hatten.

Anton Supigg endigt sein Leben 1824.

Martin Supigg, geboren 1789, ein Sohn des Anton und der Maria, geb. Maxin, wird Vater von 3 Kindern. Maria, geb. 1820, Mathäus, geb. 1821, und Anna, geb. im August 1824.

Als nächsten Besitzer begegnen wir **Urban Mayer** und seiner Frau **Monika,** +1834.

Am 11. Mai 1835 heiratet der nun 49-jährige Urban in der Pfarrkirche zu Sternberg die aus Pörtschach stammende **Maria Gößling.** Als Trauzeugen sind der vlg. Strucklbauer Blasius Baumgartner und der Kopitnigkeuschler Oswald Buchwalder angeführt.

1859 stirbt Urban Mayer 74-jährig. Seine 27 Jahre alte Ziehtochter Elisabeth Mayer wird Besitzerin und verehelicht sich im selben Jahr mit dem Krämer Aloys Reitz.

Alois Reitz stammt aus der Ortschaft Sattl zwischen Maria Gail und St. Niklas, wo sein Vater Lucas vlg. Keuschnigkeuschler beheimatet ist. **Elisabeth Mayer**, Ziehtochter des Urban Mayer, ist die Tochter des Andreas

Eberl und der Maria, geb. Werzer. Die Söhne Alois, geb. 1860, Johann, geb. 1862, sowie die Tochter Maria, geb. 1864, später verehelichte Habl, werden hier geboren.

Lucas Taschwer scheint 1867 als Besitzer beim vlg. Trauntschnig auf. Mit seiner Frau Elisabeth, +1873, beide sind uns um 1833 beim vlg. Wazenig bereits begegnet, verbringen sie hier ihren Lebensabend. Lucas, den nach und nach die Kräfte verlassen, erstellt am 23. Februar 1881 nachstehendes Testament:

Ich Endesgefertigter Lucas Taschwer Besitzer der vlg. Trauntschnigkeusche in Sternberg bin in Folge meiner Krankheit entschlossen in Gegenwart der gefertigten Zeugen bei gesunden Verstand letzten Willen kund zu tun.

1. *Schenke ich meiner Tochter Maria verehelichte Fischer vlg. Watzenigbäurin in Sternberg von meinen auf der Wazenighube intabulierten 2000 fl 1000 fl. Sie sind ihr Eigenthum auch wenn ich genesen sollte.*

2. *Zum Besitzer meiner Keusche ernenne ich den Sohn des vlg. Jaklitsch, Johann Trapp, welcher der Auszüglerin 400 fl auszuzahlen und den Auszug zu geben hat.*

3. *Von den anderen 1000 fl, hat vlg. Watzenig dem Besitzer meiner Keusche 400 fl, auszuzahlen, welche er seinen 4 Brüdern zu gleichen Theilen vertheilen soll.*

4. *Die übrigen 600 fl bekommen die Kinder des vlg. Watzenig zu gleichen Theilen.*

5. *Die Schuld von 50 fl welche ich von vlg. Gaggl in Terlach zu fordern habe sollte zur Renovierung des Altars in Sternberg verwendet werden.*

6. *Zum Einfordern der Schuld als: Beim vlg. Kleber 25 fl beim vlg. Wächter 10 fl in Rajach, dann beim vlg. Urch in Terlach 25 fl bestimme ich den Johann Pichler Hriebernig in Sand, welcher das Geld auf hl. Messen und Jahresbitten zu verwenden hat.*

7. *Meine beim vlg. Tschinderle auf Fütterung befindliche Kuh gehört meiner Tochter Maria, jedoch muß die Kuh noch bis Lorenzi 1. J. beim Tschinderle belassen werden.*

Zeugen: Primus Sturm, Anton Fille und Johann Pichler.

Lucas Taschwer schließt am 8. März 1881 für immer die Augen.

Caspar Trapp, +1930, der nunmehrige Besitzer heiratet 1888 die **Luzuia,** geborene **Koban,** 500 Gulden bringt sie in die Ehe ein. 1906 ist **Maria Trapp,** wohl die Tochter des Caspar als Besitzerin eingetragen.

Gregor Tschofenig Sen.
Leihgabe: Fam. Alois Tschofenig

Gregor Tschofenig Jun. (Bildmitte)
Leihgabe: Fam. Alois Tschofenig

Im Abstimmungsjahr 1920 erscheint **Josef Patterer** als Pächter des vlg. Trauntschnig. Mit seiner aus Moosburg stammenden Frau **Anna Kaudat** bekommt er Tochter Maria, die im Juni das Licht der Welt erblickt und 1 Jahr darauf an Rheumatismus stirbt.

1924 ist **Gregor Tschofenig,** geb. 1883, +1941, als Besitzer eingetragen. Er ist mit **Anna Scheriau,** geb. 1887, +1970, verheiratet. Der Ehe entstammen Gregor, geb. 1920, +1978, der spätere Besitzer, Pauline und Maria. Pauline Tschofenig, Tochter des Gregor und der Anna, geborene Scheriau, wohnt 1928 mit dem Holzarbeiter Heinrich Koller auf diesem Anwesen. Der uneheliche Sohn Alois wird am 17. 6. 1928 geboren. 1938 erfolgte die Eheschließung. Maria bekommt mit dem Eisenbahnschlosser Johann Tscheliesnig im April 1936 Sohn Wilhelm-Georg. Die Eheschließung erfolgt am 8. Oktober 1936.

1942 ist **Gregor Tschofenig*** Besitzer beim vlg. Trauntschnig. Gregor wird zur deutschen Wehrmacht eingezogen und war unter anderem auch im Russlandfeldzug eingesetzt. Nach der Kriegsgefangenschaft kehrt Gregor nachhause zurück und verehelicht sich mit Barbara Hermann, vlg. Kaufmann, aus Fahrendorf. Barbara ist die Tochter des Albin Hermann und der Barbara, geborene Rumpold.

Der angrenzende Bach betrieb eine zum Anwesen gehörige Mühle. Ende der 80-er Jahre des vergangenen Jahrhunderts wird die alte Keusche geschliffen.

Dienstboten, Gäste

Zwischenzeitlich hat **Elisabeth Repnigg,** eine ledige Tochter der Ursula und des Jakob Weiß vlg. Hölbling aus Rajach bei Lind, auf diesem Anwesen im März 1808 Töchterlein Magdalena das Leben geschenkt.

Barbara Supigg stirbt am 20. August 1831 als Einwohnerin im Alter von 76 Jahren. Sie ist die Letzte, die mit dem Familiennamen Supigg bei dieser Keusche aufscheint. Die ledige Einwohnerin **Agnes Jannach** stirbt im März 1833, 82-jährig.

1834 verstirbt die 49-jährige **Maria Mayer,** möglicherweise eine Schwester des Urban.

Die Tochter eines Mühlpächters in Damtschach, **Magdalena Kulma,** bringt hier am 1. Februar 1868 ihr Töchterlein Maria zur Welt.

Die aus Neudorf stammende **Ursula Trapp** vlg. Jaklitsch, schenkt am 10. August 1883 ihrem Sohn Thomas das Leben. Vater ist der aus Rajach stammende vlg. Hölblingbauer **Jakob Weihs.**

Der 25 Jahre alte **Sylvester Mayritsch,** Sohn des bereits verstorbenen Schuhmachers Johann und der Ursula aus Dröschitz, Pfarre Köstenberg, ehelicht am 31. Oktober 1897 die 19-jährige **Luzia Erhard.** Aus dieser Verbindung geht 1898 Sylvester hervor, der noch am Tag seiner Geburt an Lungenschwäche verstirbt.

Die aus Velden stammende als gemeindearme eingetragene **Maria Sobe,** erliegt 75-jährig im August 1917.

1919 sollte sich **Werdisch Emma** nur eines kurzen Mutterglücks erfreuen. Das am 5. März geborene Mädchen stirbt kurz nach der Nottaufe.

Eine **Maria Strasser** begegnet uns im November 1924. Die als Dienstmädchen eingetragene Tochter des Thomas und der Stefanie, geb. Weilguni, bekommt am 18. dieses Monats Sohn Otto.

*Gregor Tschofenig wurde 1920 in Thörl-Maglern geboren. Seine Eltern Gregor und Anna, geborene Scheriau, erwerben 1924 den vlg. Trauntschnig in Sternberg und machen sich mit den 3 Kindern hier sesshaft.

Gregor besucht die Schule am Sternberg und danach die Hauptschule. Nach Ende seiner schulischen Ausbildung beginnt er mit der Maurerlehre, die er jedoch erst nach dem Krieg beendet. Als der 2. Weltkrieg ausbricht, wird Gregor zu den Waffen gerufen und an die Ostfront geschickt. Nach russischer Kriegsgefangenschaft kehrt Gregor heim und verehelicht sich. Die Ehe bleibt jedoch kinderlos und so versucht er in einer neuen Partnerschaft eine Familie zu gründen. Seine nunmehrige Frau Barbara Hermann schenkt ihm 3 Mädchen und 3 Knaben.

Der gesellige Gregor musiziert auf seiner Harmonika bei so mancher fröhlichen Runde und war deshalb als Alleinunterhalter bei diversen fröhlichen Veranstaltungen gerne gesehen.

Bei der Fa. Willroider in Villach arbeitet Gregor in seinem erlernten Beruf.

Nach arbeitsreichen Jahren freut er sich auf seine Pensionierung, die er jedoch nicht mehr erleben sollte. Gregor endigt sein Leben 58 Jahre alt 1978.

Jarnig-Stöckl Nr. 16

GH: ?
Keusche

Das Gebäude dürfte zu Beginn des 19. Jahrhunderts errichtet worden sein.

Im Februar 1814 endet das Leben der 56-jährigen Auszüglerin **Agnes Angerer**. 1827 ist **Karl Weber** als Besitzer eingetragen und 1844 wird **Simon
Kappitsch** als Besitzer genannt. Gertraud Angerer, verstirbt 1849 im Alter
von 84 Jahren hier. Das Verwandtschaftsverhältnis, von Agnes und Gertraud, zu Johann Angerer, der uns 1777 beim vlg. Karl gegenübertritt, bleibt
ungeklärt.

Theresia Kenzian entbindet im September 1847 Sohn Karl, der aus einer
unehelichen Beziehung zu Mathias Wrann, einem Besitzer aus Villach,
stammt. Ihre Eltern sind Jakob Hubenbauer in Seebach und Maria, geborene Sandter.

Peter Mörtl ist 3 Monate alt, als er im Juli 1866 als Sohn einer Magd hier
dem Keuchhusten erliegt.

Als ledige Einwohnerin scheint Theresia Mörtl auf, die im Juli 1867 Sohn
Andreas zur Welt bringt. Möglicherweise handelt es sich hier auch um die

Mutter des zuvor verstorbenen Peter. Vater des Andreas ist Paul Sablatnig, lediger Einwohner beim Roschan in Damtschach.

1885 scheint in der Besitznachfolge **Simon Kappitsch**, wohl ein Sohn des Simon, auf.

Agnes Morokutti, die Tochter des Mathias, *Wiesenpächter der Koppitschwiese* und der Barbara, geborene Gallob, bekommt im März 1890 Sohn Johannes, der wenige Wochen nach der Geburt an den Fraisen verstirbt. 1893 erlischt das Leben des 7 Monate alten Kindes, Barbara. Mutter ist die Magd Katharina Neuhold.

Der 64 Jahre alte Mathias Morokutti versucht das Dach des Wohnhauses zu reparieren und stürzt 1896 so unglücklich das er an den Folgen des Sturzes verstirbt. Seine Frau Barbara erliegt 1903 72-jährig an Altersschwäche.

Moro Eduard und **Gabriele** besitzen um 1908 den vlg. Jarnig. Ihre Nachfolger **Rudolf** und **Otto Moro** sind um 1917 als Besitzer eingeschrieben, wobei 1919 nur noch **Rudolf** als alleiniger Inhaber aufscheint.

Die verwitwete Einwohnerin Theresia Wultsch endigt 1935 im Alter von 66 Jahren.

Die Familie Biersack bewohnt mit ihren 3 Kindern um 1938 das Anwesen. Danach scheint die Familie des Andreas Lammegger als Einwohner hier auf.

Hochzeit am Sternberg, wer kennt das?   Leihgabe: Fam. Helmut Krainer

Die Kirche bleibt im Dorf

1776 ersucht die Herrschaft Damtschach das bischöfliche Ordinariat um Auflösung der Pfarre Sternberg. Damit beginnt ein Kampf der Pfarrbevölkerung um ihren geliebten Sternberg. Betroffen davon sind die Dörfer *Terlach mit 10 Häusern, eine kleine ¹/₄ Stunde nach Damtschach oder Sternberg, Stallhofen mit 9 Häusern, eine kleine ¹/₂ Stunde, ¹/₄ Stunde nach Damtschach, Sand mit 7 Häusern, eine kleine ¹/₂ Stunde, ¹/₄ Stunde nach Damtschach, Lichtpold mit 8 Häusern, eine ¹/₄ Stunde, im Winter jedoch beschwerlicher.*

Um ihrer Forderung, die Pfarre zu belassen, Ausdruck zu verleihen, begeben sich 3 Bauern der Pfarre nach Klagenfurt. Bei ihrer Vorsprache geben sie an, dass sie *unbefragt, ja wieder ihren Willen der neuen Kurazie in Damtschach zubeteilt worden sein sollen.* Sie seien fest entschlossen, sollte ihrer Bitte nicht nachgekommen werden, ihr Gesuch persönlich *zu Graz und Wien zu verfolgen.*

Das bischöfliche Ordinariat setzt sich darauf hin mit der Grundherrschaft Damtschach in Verbindung und ersucht um Begründung für die Auflösung.

In einem Schreiben vom 28. April 1789 empfiehlt der Pfleger von Damt-

Sternberg 1902   Leihgabe: Josche Ulbing

163

schach, Valentin Josef Jachauner, die Auflösung der Pfarre Sternberg, weil die Kirche *an einem hohen Berge ganz alleine lieget* und daß die *Gerätschaften, Kapitalien, Zechent und Pfarrsgründe* für eine *notwendigere Betstimmung* eingezogen werden könnten.

Am 20. Juni 1789 findet der Kampf sein Ende. In einem Machtwort begründet das bischöfliche Ordinariat den Verbleib der Pfarre. *Die Kurazie Sternberg bleibt, weil sie für alle ein religiöser Mittelpunkt ist.* Die Gläubigen der Ortschaften, *Sand, Krottendorf, Lichtpold, Weinzierl, ein Teil Draboßen, Stallhofen und Terlach, hätten nach Damtschach einen längeren Fußweg.* Auch baten 8 Häuser der Ortschaft Jeserz um Aufnahme, weil der Weg nach Köstenberg viel beschwerlicher als jener nach Sternberg ist.

Dass sich die Sternberger von der hohen Obrigkeit keineswegs unterkriegen ließen und ihren Kopf durchsetzten, belegt auch ein Brief, dessen Inhalt damals sicherlich aus Verärgerung geschrieben wurde, heute jedoch sehr zum Schmunzeln anregt.

Hier ist es vor allem die Anrede, auf bauchpinselnde Art, und die Argumentation für das Praktische, mit der sie versuchten, ihr Anliegen durchzusetzen.

An seine Durchlaucht den Herrn, Herrn Joseph Kahn Fürstbischof Ihre Fürstbischofliche Majestät

Überzeugt das Sie es mir nicht verargen werden, wenn ich Ihnen die Ergebene Anzeige zu überreichen habe, das in unserer Pfarrkirche ein alter Brauch war, das täglich um 4h Nachmittags etwas geläutet hat, das hat eine besondere Bedeutung und zwar:

Es waren hier in Sternberg in ältester Zeit Mönche diese gingen täglich in die Kirche und zwar um 4h und hielten den hl. Segen oder Vesper und beteten.

Und wie sie diese abbrachen läuteten sie zu diesem Zeichen, und das Läuten hieß Segenläuten. Das Läuten nannte man Vesperläuten weil es vom Worte Segenläuten abstammt. Jetzt hieß es Vesperläuten.

Das dieses alte kurze Läuten unser neuer Pfarrer Ferdinand Lavring abbrachte, bitten wir von dieser Anzeige ihm den Auftrag machen, er solle nur wieder läuten lassen. Wir brauchen das Geläut auch als Uhr auf der Feldarbeit. Ein jeder kann nicht eine Uhr bei ihm haben worauf das Geläut sehr wünschenswert ist.

Wir bitten unseren Herrn Oberhirten Joseph Kahn, er möge so gut sein und uns das läuten wieder verleihen. Schreiben sie ihm auf die Pfarre er soll das Geläut wieder besorgen.

Es war bei uns Brauch das Freitag zu Mittag mit den Mittagläuten auch mit der großen Glocke geläutet wurde, es wurde das Zeichen gegeben es solle jeder Katholik sich auf das bittere Leiden und Sterben, Jesu Christi zu beten.

Das Läuten brachte er auch ab; Wenn das so ist beten wir zu Ehren des bitteren Leid und Sterben auch immer. Bitte ihm zu berichten er solle nur wieder so Mittag läuten lassen an Freitagen wie es früher war, wie er herüber gekommen ist, wir wollen beim alten das Läuten haben. Falls wir von anderen Kirchen das Glockenzeichen nicht hören würden, würden wir noch den Freitag versäumen!

Es ist komisch zu hören, in anderen Kirchen wird recht geläutet an Freitagen in Sternberg aber nicht.

Abschließend bitten die Verfasser in slowenischer Sprache, wohl wissend um die Neigung des Kirchenfürsten, nochmals mit Nachdruck ihr Anliegen positiv zu behandeln.

Eine Woche später erhielt der Pfarrer von Sternberg einen Brief, in dem ausdrücklich darauf hingewiesen wird, das Läuten wieder einzuführen um die *unotwendige Aufregung in der Pfarre zu verhindern.*

Knapp 200 Jahre später sollte neuerlich ein Streit um die Auflösung der Pfarre entbrennen. Auch diesmal hielten die Sternberger treu zu ihrer Pfarre und ließen „die Kirche im Dorf".

Grabmale der Geistlichen von Sternberg
Foto: A. Wildgruber

Zum Wohle der Seele, Stiftungen und Spenden

Hauptaltar der Kirche von Sternberg
Foto: A. Wildgruber

Obwohl die Bevölkerung der Pfarre Sternberg, abgesehen von einigen wenigen, kaum mehr als das Notwendigste erwirtschaften konnte, waren viele bereit für ihr Seelenheil zu stiften. Es handelt sich hierbei überwiegend um Geld, das hinterlegt wurde, um in regelmäßigen Zeitabständen bei sakralen Handlungen ihrer Seelen zu gedenken und Fürbitten zu leisten. Auch wurden, wie wir bereits dem Aufsatz zur Schule am Sternberg entnehmen konnten, immer wieder Sammlungen veranstaltet, die unterschiedlichen Zwecken dienten.

1521 wurde am Pfingstmontag eine *Frawen-Brüderschaft* gegründet. Aus dieser Urkunde der *Zechpröbste* geht hervor, dass an vier *Jahrtägen zu Quatemberzeiten* hl. Messen für verstorbene Mitglieder der Frauenbruderschaft und ihrer Angehörigen gelesen werden.

Aus dem Jahre 1772 ist eine Liste erhalten geblieben, auf der 162 Personen eingetragen sind, die als Mitglieder der Arme *Seelen-Bruderschaft* aufscheinen. Angeführt wird das Personenregister von Pfarrer Matthäus Orempegg. Ob Hubenbesitzer, Keuschler oder Dienstbote, viele dieser Namen finden sich im genealogischen Teil dieser Publikation wieder.

1773 wurden 300 Gulden in Klagenfurt mit einer Verzinsung von 4 % angelegt. *Das alle Monate für die abgestorbenen Mitbrüder und Schwestern eine Messe für deren jeden einen Pfarrer 30 Kreuzer und den Messner 4 Kreuzer gereicht. In der Octav aller Seelen ein Jahrtag mit den Officis und libera gehalten und dafür den Pfarrer 1 Gulden 45 Kreuzer. Den Messner hingegen 24 Kreuzer bezahlet, das übrige vom Interesse aber den Pfarr Gotteshauses für Beleuchtung und Entschädigung verrechnet und beybelassen werden sollte.*

Gebetet werden bei absterben eines Mitgliedes, der englische Gruß und 5 Vaterunser, sowie bei jeder Messe zu Allerseelen.

Im selben Jahr wurde auch eine Kreuzweg-Stiftung ins Leben gerufen. 100 Gulden hinterlegten Personen, die anonym bleiben wollten, *zur Abhaltung der Kreuzwegandacht an jedem Freitage in der* Fastenzeit. Für die jährlich anfallenden 4 % Zinsen hat das Salzburgische Vicariat folgende Verwendung angeordnet. Der Pfarrer erhält jährlich 2 Gulden für die Führung des Kreuzwegs. Das restliche Geld wird für Sanierungen der Bildstöcke und die Beleuchtung in der Kirche verwendet. Weiters

Seiteneingang der Kirche von Sternberg,
Foto: A. Wildgruber

sollen jährlich 4 Messen für die Stifter und deren Verwandten abgehalten werden, wobei für den Pfarrer und dem Messner 2 Gulden bezahlt werden.

Ebenfalls im Jahre 1773 hinterlegte ein Pfarrer namens Kramer 500 Gulden *für einen ewigen Jahrestag der Armen-Seelen-Stiftung.*

Über eine *Michaelis-Bruderschaft* lesen wir 1880.

Es hat aus der Pfarre St. Georg Pfarrer Matthäus Orempegg eine Urkunde von Andree Saßmann eingeschikt, woraus zu entnehmen ist das sein Vorfahre Georg Kramer unter 20. 12. 1756 den Collegial-Stift St. Barthelmä in Friesach 1000 fl übergeben hat. Das von den abfallenden Interessen (%) 30 fl für die Armen der Pfarre ausgefolgt werden. Da aber der Pfarrer für 1770-1771 nur 24 fl erhielt (Verschiebung der Interessen) muß der Betrag von 12 fl nachgezahlt werden.

Gestiftet wurde aber nicht nur von Gruppen. Einen hohen Geldbetrag leisteten Einzelpersonen, so wie Johann Schöffmann vom vlg. Teppan 1776, 100 Gulden für 4 Messen jährlich, 1785 Peter Schuster 125 Gulden für vier Messen jährlich für ihn und seine Freundschaft oder *Maria Teppannin und noch eine Person*, die für je 2 Messen jährlich, im August 1794 100 Gulden bezahlten.

Im Jahre 1800 hat Franz Themel, Besitzer der Wegmacherkeusche in Lichtpold, dem Pfarrer, in Beisein der Zeugen Anton Fille und Markus Pöcheim, 500 Gulden übergeben mit der Bitte, jedes Jahr an beliebigen Tagen 4 Messen für ihn und seine Angehörigen zu lesen. Im Vergleich dazu sei bemerkt, dass der Ausrufungspreis für die Wazenig-Hube im März 1830 400 Gulden betrug.

Natürlich gut betucht, und deshalb besonders um das Seelenheil bemüht, waren Geistliche. Josef Lesjak stiftete 1871 für sich und seine Eltern 500 Gulden. Isidor Wuzella, ebenfalls Pfarrer, hinterlegte im selben Jahr 600 Gulden, zu denen eine unbekannte Spenderin noch 100 Gulden dazulegte. Von der Gesamtsumme sollten jedoch 400 Gulden für die Armenstiftung herangezogen werden.

Besonders für ihr Seelenheil besorgt war auch Anna Kreumpl, eine gewesene *Wirtschafterin*, die 1891 sage und schreibe für Messen 600 Gulden hinblätterte. Freilich hat sie dabei auch an den verstorbenen Pfarrer Valentin Link gedacht und dem Pfarrer aufgetragen, 1 Messe jährlich im Mai zu lesen, und diese bei geöffneter Türe, damit er auch das Grab des Pfarrers sehe.

Eine Stiftung geht aus dem Testament von Theresia Mossier hervor. Im Mai 1893 veranschlagte sie 200 Gulden für hl. Seelenmessen.

Als außerordentlicher Wohltäter zeichnete sich wohl Pfarrer Johann Lesjak aus. Der 83 Jahre alte Pensionist verstirbt im Dezember 1871 in St. Jakob im Rosental. Da er die, für damalige Verhältnisse, hohe Summe testamentarisch verteilt, sei seine letztwillige Verfügung im Gesamten abgedruckt.

Im Namen der allerheiligsten Dreifaltigkeit.

Da mich die göttliche Vorsehung mit irdischen Gütern gesegnet hat, ich aber für den Fall meines vielleicht nicht mehr fernen Ablebens die nötige Vorsorge mit meinen Vermögen treffen will, so habe ich bei noch vollkommenen freien Gebrauch meiner Geisteskräfte und von niemanden beeinflusst, da ich wegen Lähmung meiner rechten Hand nur schwer schreiben kann, Folgendes als letztwillige Anordnung verfügt und in die Feder diktiert.

1. *Zu meinem Universalerben ernenne ich den Hr. Isidor Wuzella, derzeit Pfarrer zu St. Georgen vorher in Bleiberg.*

2. *Mein Leichnam soll standesgemäß zur Erde bestattet werden, daher hat*

Friedhof von Sternberg   Foto: A. Wildgruber

jeder die Leiche begleitende Priester zehn Gulden, der Hr. Dechant 20 Gulden und dann allfällige Leichenredner extra zehn Gulden zu erhalten. Ebenso jeden die Oktav und der Jahrtag mithaltenden Priestern bestimme ich zehn Gulden und für die Bewirtung der mitwirkenden Priestern am Begräbnis und Oktavtagen für jeden Tag vierzig Gulden.

3. *Unter die Armen sind am Begräbnistage hundert, und am Oktavtage fünfzig Gulden zu verteilen. Im Falle meines Ablebens in Villach unterbleibt die Armenbeteilung am Oktavtage, entfalet auch die Bewirtung der Geistlichen.*

4. *Zur Bestreitung der übrigen Ausgaben am Begräbnis, und Oktavtage bestimme ich hundert Gulden, ein etwaiger Rest ist auf Lesung für hl. Messen für meine Seelenruhe zu verwenden.*

5. *Für ein Grabmonument von Stein achtzig Gulden, bis dieses fertig ist, ein gusseisernes um zwanzig Gulden aufstellen.*

6. *Auf Stiftung eines jährlichen Totenoffiziums für mich und meine Eltern, bestimme ich ein Kapital von fünfhundert Gulden mit dem, das diese Stiftung den jeweiligen Pfarrer von Sternberg, niemals in die Congrua eingerechnet der derselbe dadurch sonst irgendwie verkürzt werden darf, widrigenfalls die Stiftung aufzuhören hat und das Stiftungskapital auf Lesung hl. Messen für mich zu verwenden ist.*

7. Der Pfarrkirche St. Georgen am Sternberg ein Legat von dreihundert Gulden, deren jährliche Interessen auf Bestreitung kirchlicher Bedürfnisse nach Guthaben der Kirchenvorstehung zu verwenden sind.

8. Für die Pfarrarmen von Sternberg ein Legat von dreihundert Gulden, deren Interessen jährlich unter jenen zu verteilen sind.

9. Der Kuraziekirche Maria-Elend ein Legat von fünfhundert Gulden, deren jährliche Interessen auf Bedürfnisse oder Verschönerung der Kirche nach Gutachten der Kirchenvorstehung zu verwenden sind.

10. Für die dortigen Pfarrarmen ebenfalls fünfhundert Gulden deren Interesse jährlich unter dieselben zu verteilen sind.

11. Zur Herstellung eines größeren Geläutes in Maria-Elend fünfhundert Gulden.

12. Zur Reparierung und Verschönerung der Bergkapelle ober Maria-Elend einhundert, und zur Beischaffung eines größeren Geläutes bei derselben ebenfalls einhundert Gulden.

13. Der Pfarrkirche St. Steffan bei Finkenstein bestimme ich einhundert, und den dortigen Pfarrarmen ebenfalls einhundert Gulden, der Filialkirche St. Kanzian alldort aber fünfzig Gulden.

14. Der Pfarrkirche Hl. Kreuz an der Perau bestimme ich fünfzig Gulden und auf Lesung hl. Messen für mich beim dortigen Gnadenaltar zwanzig Gulden.

15. Der Schule zu Maria-Elend ein Kapital von einhundert und fünfzig Gulden, von denen jährlich Interesse das ärmste und bravste Schulkind mit Kleidung beteilt werden soll.

16. Dem Waisenhaus im Ursulinenkloster zu Klagenfurt ein Legat zu fünfzig Gulden, den Elisabethinenspital, den Normalschulfond, den Schullehrern-Witwen und Waisen und den Taubstummen Institut in Klagenfurt jeden fünfzig Gulden.

17. Zur Reparierung des Pfarrhofes in Sternberg bestimme ich zweihundert Gulden.

18. Die aus dem Erlös des, dem Pfarrhofe Sternberg gehörigen Steinbruches erhalten, bestimme ich zu allfälliger Erbauung einer Hauskapelle, wenn auch die Pfarrgemeinde dazubeitragen und mithelfen wird; bis zur Erbauung sind die Interessen dieses fruchtbar anzulegenden Kapitals zugunsten des Pfarrers von Sternberg bestimmt.

19. All meinen Geschwisternkindern mütterlicherseits, väterlicherseits

habe ich keine, mit Einschluss des Universalerben vermache ich eintausend Gulden, im Falle ihres bereits erfolgten Ablebens haben an ihrer Stelle, deren eheliche Kinder zu gleichen Teilen zu treffen.

20. Dem Testament-Executor, als welchen ich Hr. Skurbina zur Zeit Kuraten in Damtschach ersuche und ernenne, bestimme ich nebst besonderer Vergütung seiner Wege und als Auslagen einhundert Gulden.

Alle diesen von mir bestimmten Verträge und Legate sind in Österr. Währung zu verstehen.

Nachdem ich diese von mir diktierte letztwillige Anordnung selbst genau durchgelesen habe, bestätige ich sie als meinen freien Willen durch meine eigenhändige Namensunterschrift mit Beidrückung meines Siegels, sowie durch die Mitfertigung der drei hier erbetenen Zeugen.

So geschehen im Pfarrhof Sternberg am 27. Juli 1865
Johann Baptist Lesiak als Testar,
B. Meicher Zeuge, Oswald Wüster Zeuge, Anton Fille Zeuge.

Codicill

Nachdem mein Universalerbe Hr. Pfarrer Isidor Wuzella am 19. Dezember mit Tot abgegangen ist, so bestimme ich zu meinen Universalerben zur Hälfte den Bruder des Pfarrers Wuzella mit Namen Franz Wuzella und zur anderen Hälfte den Priester Andrä Rötzinger in Klagenfurt. Die Legate bleiben wie oben und nur sollen die Armen Interessen, von denjenigen Pfarrer wo die Legate bestimmt sind, an die dortigen Pfarrarmen verteilt werden.

Die ausgesprochenen Legate sollen ungeschwächt den betreffenden Legatoren ausbezahlt werden. Die entfallenen Prozente und Steuern sollen von der Masse bezahlt werden.

Zu meinen Testament-Executor bestimme ich den Hr. Johann Sablaasnig Priester in Damtschach, mit den gleichen Bezügen wie der früher bestimmte.

Pfarrhof Sternberg am 21. Dezember 1871
Johann Baptist Lesiak Mathias Tomaschitz Zeugen des Pfarrers,
Josef Wüster, Anton Fille, Martin Draboßenig Zeugen.

Besonders um ihr Seelenheil bedacht ist auch die 1845 beim vlg. Stourotz geborene Barbara Fille. Am 3. 11. 1914 findet die Testamentseröffnung statt.

„Oh neige du Schmerzensreiche dein Antlitz über meine Not"

Foto: A. Wildgruber

Barbara Fille hinterlässt der Kirche ihr gesamtes Vermögen; das inklusive einer Wiese in Köstenberg 1336 Kronen ausmacht.

Die Opferbereitschaft war aber auch bei Kindern weit verbreitet. Am 26. und 28. November 1915, der 1. Weltkrieg war längst ausgebrochen, haben 49 Kinder in Sternberg die Erstkommunion empfangen und diese, wenigstens aus symbolischer Sicht, für den Kaiser aufgeopfert.

Natürlich wurde die Kirche auch mit Sachspenden bedacht. Ein Kunstwerk der Malerin M. Magger, signiert 1933, wurde von Fr. Prieselin, zum Gedenken an ihren in Sternberg geborenen Vater, der Kirche geschenkt. Das mit dem Preis der Stadt Wien ausgezeichnete Werk ist seither in der Kirche zu bestaunen und trägt den Titel: *Oh, neige du Schmerzensreiche, dein Antlitz über meine Not.*

Anlässlich der Renovierung des Kirchturmes 1933 war auch hier die Bevölkerung der Pfarre Sternberg gerne bereit, für ihr Gotteshaus zu spenden. Allein die Bewohner von Sternberg gaben 38 Schilling von ihrem hart ersparten Geld ab.

Sagen und Legenden

Aus dem Munde unserer Vorfahren entstammen Legenden, deren Wahrheitskern von einer Schichte aus Mythos, Abenteuer und Phantasie umgeben ist.

Die Türken am Sternberg

In jener unsicheren Zeit, als die wilden Reiterhorden der Türken auch gegen unsere Kärntner Heimat zogen, hatten sie den weithin sichtbaren Sternberg als einen ihrer Ziele ins Visier genommen.

An diesem frühsommerlichen warmen Vormittag tummelten sich die Bewohner von Sternberg auf den sanft in hügeligen Wellen abfallenden sattgrünen Wiesen. Hier, wo sich die Hänge gegen Süden neigen, streiften die Mägde und Knechte der Bauern das getrocknete Gras von den hölzernen Gestängen, um es noch einmal in der Sonne auszubreiten.

Über ihnen thront das weiße Kirchlein, dessen Turm weithin sichtbar die Glocken in sich trägt, deren Klang die Menschen seit ewigen Zeiten zu sich ruft. Schon vor langer Zeit hatten die Einwohner der umliegenden Dörfer eine Steinmauer um die Kirche gezogen, um sich einen Zufluchtsort zu schaffen, in dem sie sich vor Eindringlingen verteidigen konnten. Umringt von der schützenden Mauer liegen die Grabhügel mit dem hölzernen Zeichen der Christenheit. Bunte Blumen zieren die Wölbungen der letzten Ruhestätten und wiegen sich im sanften Wind.

Wie ein Lauffeuer breitete sich die Kunde aus, dass kriegerische Reiter hierher unterwegs waren.

Eine brandschatzende mordende Horde ist über den Predil-Pass nach Tarvis eingebrochen, weiter in die Gegend um Villach gestürmt und der Drau abwärtsfolgend Richtung Osten gezogen.

Von weitem erkannten die Leute die hochziehenden Rauchschwaden in der ausgedehnten Ebene des südlichen und nördlichen Drauufers.

Mit schreckverzehrten Gesichtern, wohl wissend über die fürchterlichen Greueltaten der berittenen Osmanen blickten sie gegen Südwesten.

Der Bauernführer, ein großgewachsener, braungebrannter Hüne mit tiefliegenden Augen, rief alle wehrfähigen Männer der Ortschaft zusammen, um sich mit ihnen zu beraten. Noch während die Frauen und Kinder sich beeilten, mit den notwendigsten Habseligkeiten hinter die schützende Ringmauer der Kirche zu flüchten, begannen sich die Männer mit Sensen und Gabeln zu bewaffnen. Dann zogen sie den Berghang hinauf, um ihre Seelen in die schützende Hand St. Georgs zu legen. Beim letzten Bildstock vor dem Stiegenaufgang knieten sie nieder, um gemeinsam murmelnd ein „Vater Unser" zu beten.

Näher und näher kam das Trampeln der Pferdehufe und die gellenden Schreie der Angreifer. Immer wieder hielten sie inne und stürmten in die Häuser, die längst verlassen waren.

Die Bewohner hatten das Vieh in die angrenzenden Wälder getrieben, nur das Bellen und Jaulen der Hunde unterbrach das ungestüme Treiben.

Blutrünstig, alles sich Bewegende niedermetzelnd, zog die mordende Schar den schmalen Hohlweg der Kirche entgegen. Haus um Haus ging in Flammen auf und dunkle Rauchsäulen ragten in den Himmel.

Längst schon hatte der Brandgeruch seinen Weg in die Kirche gefunden. Mit einer schwarzen Sultane bekleidet; kniete der Pfarrer vor dem Altar, seine Augen auf das Allerheiligste gerichtet. Die hölzerne Statue des Heiligen Hl. Georgs in seine Hände nehmend, schreitet er gegen das Eingangsportal der Kirche, gefolgt von den Frauen und Kindern, deren tränenverschmierte Gesichter sich gegen den verfinsternden Himmel richten.

Draußen hatten die Männer viele Steine zusammengetragen, um sie den senkrechten Kalkfelsen, im Süden der Kirche, hinunter zu werfen, und so den Anstürmenden Einhalt zu gebieten.

Die blutrünstige Meute hatte bereits das Letternigkreuz erreicht, als plötzlich Totenstille das hektische Treiben je zerriss. Das Pferd des Anführers neigte seinen Kopf und wie von Geisterhand geleitet, beugt es seinen Oberkörper nach vorne, um eine kniehende Haltung einzunehmen. Die anderen Tiere taten es ihm gleich. Kein Schlag der Peitsche, kein Druck mit den Knien, vermochte die Pferde zu bewegen. Als der Anführer seinen Blick gegen das Antlitz auf den Bildstock wendet, durchströmt ihn tiefe Ehrfurcht. Die Augen des von Dornen Gekrönten erheben sich und dringen tief in die Seele des Angreifers. Den Schwur murmelnd, umzukehren und der Kirche ihren Frieden zu lassen, streift sich der Reiter seinen goldbestickten Mantel vom Körper und lässt ihn zu Boden fallen. Kaum aber, als sich der Staub gelegt hatte verformte sich die goldene Sichel des Halbmondes, die Brust und

Rücken des Mantels zierte, und nimmt die Form des Kreuzes an. Dann erheben sich die Pferde, wenden und tragen ihre kriegerische Last wieder zu Tal.

Froh und glücklich über das wundersame Schicksal begeben sich die Geretteten die Stiege des überdachten Aufganges hinunter, an jene Stelle, und heben den in der Sonne glitzernden Mantel aus dem Staub. Gemeinsam tragen sie den Überhang in die Kirche und schmücken damit die hölzerne Statue ihres Schutzpatrons, zum Zeichen des Dankes.

Noch bis vor hundert Jahren soll der goldbestickte Mantel dem Pfarrer als Messgewand gedient haben.

Bildstock nach dem Letternigkreuz renoviert 1946   Foto: A. Wildgruber

Das Letternigkreuz

Seltsame Begebenheiten erzählt man sich über das Letternigkreuz. So sollen in mondhellen Nächten Bewohner der umliegenden Ortschaften mehrmals beobachtet haben, wie sich eine Person hinter dem Letternigkreuz aufgehalten habe. Kam man ihr zu nahe, so verschwand diese auf unerklärliche Weise.

In Zusammenhang mit dieser Erzählung wird auch eine Holzstatue genannt, die den südlichen Kirchenhügel des öfteren heruntergekollert sein soll und dann beim Letternigkreuz gestanden ist. Noch heute wird dieser Ort des Nächtens von der einheimischen Bevölkerung gemieden.

Der Schatz auf Sternberg

Bildstock beim Stiegenaufgang, renoviert 1946
Foto: A. Wildgruber

Am südlichen Fuße der Burgruine befinden sich die wehrhaften Mauerreste der einst mächtigen Burganlage. Über diese Stätte erzählt man sich, dass dort ein Schatz vergraben liege, der nur alle hundert Jahre zum Vorschein tritt und nur von einem Sonntagskind gehoben werden könne, das einen geweihten Gegenstand mit sich trug.

Es war ein hoher kirchlicher Festtag, als ein Mädchen aus Terlach den Weg in die Kirche ging. Beim Tordurchgang in die Niederburg erblickte sie im Gebüsch neben dem Weg eine große weiße Marmorplatte, die ihr recht eigenartig erschien, da sie diese noch nie zuvor gesehen

hatte. Auf dieser Platte lagen zwei goldene Schlüssel.

Als sich das Mädchen in das Gebüsch begeben wollte, hörte es Schritte hinter sich. Ängstlich sah es sich um, konnte jedoch niemanden erblicken. Von Angst gepackt, verließ das Mädchen mit eiligen Schritten den Ort, eilte nachhause und erzählte ihren Eltern von dem seltsamen Erlebnis. Diese sagten ihr: „Du hättest den Mut haben sollen, einen geweihten Gegenstand auf die Marmorplatte zu legen, sodann hättest du die goldenen Schlüssel an dich nehmen können und den Schatz heben, zu dessen Truhe die Schlüssel passen. Nun aber muss der Geist weiterhin ruhelos herumirren, ehe wieder hundert Jahre vergehen und ein Sonntagskind mit einen geweihten Gegenstand den Mut hat, den Geist zu erlösen!"

Der Schatz auf Hohenwart

Dort wo sich heute die ausgedehnten Wälder des Schmarotzwaldes befinden, liegt von Bäumen umgeben auf einer Anhöhe die Ruine Hohenwart oder wie der Volksmund sagt das „Schwarze Schloss".

Über diese Ruine, die einst eine wehrhafte, weithin sichtbare Burganlage war, weiß der Volksmund zu berichten, dass im Inneren ein Schatz vergraben liegt.

Zwei Krähenvögel, die Nüsse in ihrem Schnabel trugen, um sie als Wintervorrat zu sammeln, flogen über die Türme und Mauern von Hohenwart. Durch ihr ungeschicktes Verhalten verloren sie jedoch ihre kostbare Fracht und aus den Nüssen wuchs

Blick aus der Vorhalle Richtung Süden
Foto: A. Wildgruber

im Laufe von vielen Jahrzehnten ein stattlicher Nussbaum in den Himmel.

Aus dem Holz des Nussbaumes solle später eine Wiege gemacht werden. Jener Knabe aber, dem diese Wiege als Bettlein dient, der wird den Schatz von Hohenwart finden und zu heben vermögen.

Vor dem einst mächtigen Burgeingang des schwarzen Schlosses steht ein Fichtenbaum, dessen Wipfel sich hoch in den Himmel erhebt. Nur alle hundert Jahre, wenn ein Knabe kommt, der in jener Wiege aus Nussholz gelegen hat, verwandelt sich der Fichtenbaum zu einem Zwerg in eiserner Rüstung und führt den Knaben zu dem Schatz. Dem jedoch, der in böser Absicht kommt, zeigt sich der Baum als großer schwarzer Hund, und stellt sich drohend gegen den Eindringling.

Burgkapelle auf Hohenwart
Leihgabe: Fam. Linde und Eduard Haas

Zwei rechtschaffene, gläubige Bauersleute lebten auf einem der Burg angrenzenden Gehöft. Alle Jahre bestellten sie ihre Felder, arbeiteten fleißig und hatten auch für Arme immer etwas übrig. Eines Tages ging der Mann in den Wald, fällte den Nussbaum und baute daraus eine Wiege, denn er wollte eine Familie gründen. Als seine Frau, die guter Hoffnung war, ihm ein Knäblein schenkte, legten sie dieses in die Wiege.

Die Jahre vergingen und als der Knabe zu einem Jüngling herangewachsen war, erfuhr er von der seltsamen Geschichte mit dem Schatz und dem Fichtenbaum, der sich zu einem gefährlichen Hund verwandelte. Ohne sich jedoch von dem Gerede entmutigen zu lassen, begab sich der Jüngling auf dem Weg zur Ruine. Als er vor der Fichte stand, erklang liebliche Musik und der Baum verschwand.

Im Innenteil der Ruine kam ein Zwerg in einer eisernen Rüstung auf ihn zu. Dieser sagte: „Folge mir!" Er tat, wie ihm geheißen wurde, und folgte dem Zwerg.

Über eine abwärts führende Treppe gelangten sie in einen finsteren engen Gang. Als sie am Ende des Weges angelangten, tat sich plötzlich ein großer mit hellem Licht durchfluteter Saal auf. Der Jüngling staunte. Überall standen Truhen mit Goldmünzen und Edelsteinen, die im hellen Glanz erstrahlten. „Nimm, soviel du tragen kannst", sagte der Zwerg, „aber nur wenn du von deinem Reichtum auch den Armen etwas schenkst, wird in hundert Jahren wieder ein Knäblein der Wiege entsteigen und so wie du an den Schatz gelangen!" Dann verschwand der Zwerg.

Der Jüngling steckte sich Goldmünzen und Edelsteine in seine Taschen, bis diese voll waren. Plötzlich erklang ein lautes Grollen und er sank ohnmächtig zu Boden.

178

Als er wieder aufgewacht war, lag er am Fuße jener Fichte, seine Taschen voller Gold und Edelsteine.

Daheim erzählte der Jüngling nichts von seinem Erlebnis, sondern half den Eltern bei der schweren Feldarbeit und bezahlte von seinem Gold die hohen Steuern. Der Vater wunderte sich zwar, fragte jedoch nicht weiter nach.

Die Jahre vergingen und aus dem Jüngling wurde ein stattlicher Mann, der sich in eine Frau verliebte und diese zum Traualtar führte. Er baute ein Häuschen, gründete eine Familie und lebte fortan glücklich und zufrieden. Jedes Mal aber, wenn ein Bettler des Weges kam, gab er ihm zu essen und eine seiner Goldmünzen, die er in der Wiege versteckt hatte.

Das Glück einen Knaben zu zeugen, war ihm jedoch nicht gegönnt und so steht die Wiege heute noch auf dem Dachboden eines der umliegenden Gehöfte und wartet darauf, wieder das Bettlein eines Knaben zu werden.

Urbans Schicksal

Der junge Bauer Urban lebte mit seiner Frau und den beiden Töchtern auf einem Hof in der Ortschaft Terlach. Als eine junge Magd auf den Hof kam, verliebte sich der Bauer in sie. Da seine Frau mit diesen Verhältnissen nicht einverstanden war, gab es oft Streit. Der Bauer aber wollte ohne die junge Magd nicht mehr sein, und so fasste er einen Entschluss, der für ihn und seine ganze Familie sehr tragisch endete.

Montags war Waschtag und die Bäurin hängte die Wäsche immer auf den hölzernen Balkon, auf den von außen eine Treppe hinaufführte. Tags zuvor hatte Urban jedoch die Treppe angesägt. Als seine Frau mit dem Wäschekorb die Stiege hochging, brach diese in sich zusammen, sie stürzte in die Tiefe und verstarb noch an der Unglücksstelle. Das ganze Dorf war aufgrund dieses fürchterlichen Schicksalsschlages in tiefer Trauer und der Witwer mitsamt seinen Kindern wurde zutiefst bedauert. Obwohl Urban alles erreicht hatte, was er sich so sehr wünschte, fand er keine Ruhe mehr.

Eines Morgens sah er, wie seine zwei Töchter über den Hof gingen und hinter dem Stadel verschwanden. Als er wieder aus den Stall kam, gingen diese zum Haus zurück und es fiel ihm auf, dass sie frisch gekämmt waren. Er beobachtete sie ein paar Tage lang und es geschah immer wieder das Gleiche. Sie gingen ungekämmt über den Hof und kamen schön frisiert wieder

zurück. Er dachte sich, dass dies nicht mit rechten Dingen zugehe. Eines Tages überwand er sich und fragte die Mädchen, wohin sie den jeden Tag gingen. Die Mädchen antworteten ihm: „Da hinter dem Stadel, da wartet jeden
Morgen die Mutter auf uns, um uns zu kämmen."

Als ihr Vater das hörte, überschlugen sich seine Gedanken und er sann
Tag und Nacht auf einen Ausweg.

Am nächsten Sonntag besuchte er die heilige Messe, beichtete dem Pfarrer seine ganze Schuld und fragte ihn um Rat, wie er aus der ganzen Geschichte herauskommen könne, so dass seine Frau und auch er endlich zur
Ruhe finden. Der Pfarrer gab ihm den Rat, er solle seinen Töchtern hinter
den Stadel folgen, zu seiner toten Frau gehen und abwarten, bis sie die beiden Mädchen gekämmt hätte. Danach solle er sie fragen, was er den tun
müsste, damit sie endlich ihren Frieden finden werde.

Am nächsten Morgen folgte er seinen beiden Töchter hinter den Stadel
und wartete, bis diese von der Mutter gekämmt waren. Als dann sprach er zu
ihr: „Was soll ich tun, damit du endlich deinen Seelenfrieden findest?" Sie
antwortete: „Ich glaube, den Frieden brauchst du nötiger als ich", und machte ihm den Vorschlag: „Warte in der nächsten Vollmondnacht mit einer
doppelspännigen Kutsche hier auf mich und fahre dann mit mir zum weißen
Kreuz nach Villach (Zehenthof), unterwegs werde ich dir alles sagen, was du
wissen willst!"

Der Bauer ging zum Pfarrer, berichtete ihm alles und fragte, wie er sich verhalten solle. „Komm einen Tag vor Vollmond zu mir und dann werde ich dir
alles erklären", sagte der Pfarrer. Als der letzte Tag vor Vollmond angebro-
chen war, eilte Urban zum Pfarrer und bekam von ihm folgenden Rat: „Du
musst den Wunsch deiner toten Frau erfüllen, jedoch bevor sie zusteigt auf
der rechten Seite der Kutsche, sitze so, dass sie links neben dir Platz nehmen
muss, ihr keine Fragen beantworten und dich nicht mit ihr unterhalten. Auf
jeden Fall achte darauf, dass ihr vor Mitternacht beim weißen Kreuz ankommt und verlass sofort die Kutsche, noch ehe deine Frau den Boden
berührt!"

In der darauffolgenden Vollmondnacht spannte Urban die Pferde vor die
Kutsche, nahm Platz und ließ seine Frau zusteigen. So dann fuhren sie los.
Unterwegs versuchte die Frau, Urban immer wieder in ein Gespräch zu ver-
wickeln, jedoch Urban tat, wie ihm geheißen worden war. Als sie beim
weißen Kreuz angekommen waren, sprang er sofort aus der Kutsche, noch
ehe vom nahen Kirchturm die Glocke zur Mitternachtsstunde schlug. Seine
Frau stieg von der Kutsche und sprach zu ihm: „Sei froh, dass du vor mir die

Kutsche verlassen hast, den ansonsten hätte ich dich zermahlen wie ein Mühlstein das Korn, aber eines sollst du noch wissen, auch du wirst nicht mehr lange leben, den dich wird eine Glocke erschlagen, erst dann wirst du deinen Frieden finden."

Urban fuhr wieder heim, froh darüber, dass er alles so gut überstanden hatte und glaubte nicht an die Vorhersage seiner toten Frau.

Zwei Jahren später, Urban hatte längst alles vergessen, musste die Glocke der Kirche vom Sternberg wegen einer Reparatur abgenommen werden. Urban war dabei behilflich und hielt das Seil, an dem die Glocke heruntergelassen wurde. Es war schon fast geschafft, als im letzten Moment das Seil riss, und die Glocke auf Urban stürzte. Der Pfarrer verabreichte dem Sterbenden die Sakramente, und so hatte sich Urbans Schicksal erfüllt.

„Urbans Schicksal"   Foto: A. Wildgruber

Die Heilige Nacht

Die kreisrunde Scheibe des Mondes steigt hinter den Baumwipfeln der ausgedehnten Wälder empor. Dunkel und majestätisch erscheinen die Silhouetten der Baumkronen, deren Schatten sich über die weiße, hell glitzernde Schneedecke erstrecken.

Schwer atmend steigt eine dunkle Gestalt den vom Neuschnee befreiten schmalen Hohlweg aufwärts, dem Klang der Glocken entgegen. Immer wieder hält sie im Schritt inne, und ihr Blick gleitet den gemächlich abfallenden Berghang hinunter auf die im Tal liegenden weit verstreuten Höfe und

Kanzel in der Kirche von Sternberg
Foto: A. Wildgruber

Keuschen. In der rechten Hand trägt sie einen Leinensack, in dem sie ihre wenigen Habseligkeiten sorgsam verstaut hat. Gelegentlich zieht sie die linke Hand aus der Manteltasche und streift sie über den dunkelgrauen schweren Mantel, der die Konturen ihres zierlichen Körperbaues verdeckt. Das schmale, fahl wirkende Gesicht nach vorne gerichtet, die Augen auf einen in der Ferne erscheinenden Lichtpunkt fixiert, wandert sie dem ihr unbekanntem Haus entgegen.

Als sie an der schweren Eingangstür des mächtig wirkenden Barockbaus ankommt, greift sie zum bronzenen Ring in der Mitte der Tür und klopft zaghaft an. Schritte nähern sich und eine Frauenstimme ruft: „Wer ist da?" „I suach den Weg nach Draboßen", antwortet die junge Frau. Die Eichentüre öffnet sich und eine in die Jahre gekommene Frau, deren Gesichtsfalten den Verlauf eines mühseligen Lebens nachzeichnen, steht mit musternden Blicken im schwachen Lichtschein der Petroleumlampe. „Nach Draboßen, das schaffst heute nimmer, Madl! Die vergangene Nacht hat viel Schnee gebracht, und der Weg durch den tiefen Wald ist noch nicht gepflügt", spricht sie mit mahnender Stimme, die Augen auf die sich unter dem Mantel abzeichnende Bauchwölbung der jungen Frau gerichtet. "Wer ist denn?", ruft eine tiefe Männerstimme im Hintergrund. „Wie heißt denn, Madl?", fragt die Frau in der Eingangstür. „Walburga Wedam, ich möchte zu meiner Tante nach Draboßen!" „Kum eina, leg deinen Mantel ab und wärm di zuerst einmal auf, i mach dir die Suppe warm." Zögernden Schrittes betritt sie die große Eingangslaube. „Agnes, was ist denn, du musst mir noch das Messgewand zurecht machen, in drei Stunden beginnt die Mette!" „Ja, Herr Pfarrer" „Kum, setz dich her

Madl, wie lange hast denn noch bis zur Niederkunft?" „I weiß nit genau!"
„Solange kann es nimmer dauern, wenn ich mir deinen Bauch so anschau!"
Ein kleinwüchsiger Mann mit schwarzer Sultane betritt den Raum. Über den
Brillenrand blickend, die Hände der jungen Frau nach dem Zeichen der ewi-
gen Bande musternd, sagt er mit gerunzelter Stirn: „Hast gesündigt?" „Ja,
Hochwürden!" „Gib dem Madl was zu Essen, mach ihr die Bettstatt im Stall,
der Knecht is eh nit da und dann richt mir das Messgewand, wir müssen zur
Kirche hinauf, Agnes!" „Kann sie nicht im Haus bleiben? Ich glaub es ist
bald soweit!" „Nein, wer sündigt, hat unter meinem Dach keinen Platz!" Hastig löffelt die junge Frau ihre Suppe und hält ihren Kopf schämend über die
Schüssel gebeugt. Die Pfarrersköchin holt schnell ein neues Leintuch aus
dem Obergeschoß, und dann gehen die beiden Frauen über den Hof in den
Stall. Eine Kuh, ein Ochse und ein Esel schauen aus der Finsternis auf den
heller werdenden Schein der Lampe. „Dort in dem Eck is ein Bett, leg dich
hin, ich werd´ schon nach dem Rechten sehen!" Die junge Frau setzt sich
mit schmerzverzerrtem Gesicht auf die Bettstatt. „Is gleich soweit, gel Madl?"
„Ja, ich glaub!" „Wart ein bissl, ich komm gleich!" Die Pfarrersköchin eilt in
das Haus. „Herr Pfarrer, die Wehen beginnen!" Der schrullige alte Mann
schaut auf die hastig nach Schüssel und Tücher greifenden Hände seiner
Köchin. „Bleib halt da, aber ich muss jetzt zur Mette!"

Eiligen Schrittes verlässt der Pfarrer den Hof. Im Kopf den stechenden Ge-
danken des Unrechts über sein Handeln, geht er dem Gotteshaus am Berg
entgegen. Beim letzten Bildstock, kurz vor dem mit Schindeln überdeckten
Aufgang zur Kirche, hält er seine Schritte an und wendet seinen Blick dem
Bildnis des Gekreuzigten zu. Ihm scheint es, als hebe dieser im flackernden
Lichtschein der Kerzen sein von Dornen gekröntes Haupt, als streiften müde
Augen über die tiefen Abgründe seiner Seele.

Die Klänge der Glocken kündigen den bevorstehenden Gottesdienst an.

Im Kirchenraum haben sich zahlreiche Gläubige aus der Gegend versammelt. Mit freudiger Stimme, begleitet von den schwermütig klingenden Tö-
nen der Orgelpfeifen singen sie das ewige Lied, als aus dem Dunkel der
Nacht wie von Engelhänden getragen eine helle Kinderstimme erklingt.
Schweren Herzens vor dem Altar stehend, mit einem dunklen Schatten auf
seiner nach Verzeihung rufenden Seele blickt er mit versteinerten Augen auf
sein Kirchenvolk, um mit schwerer zitternder Stimme die Botschaft zu ver-
künden „Ein Kind ist geboren in einem Stall!" Die Hände faltend, den Blick
gegen den Himmel gerichtet „Herr vergib uns unsere Sünden ..."

So geschehen zu Sternberg am 24. Dezember im Jahre des Herrn 1899.

Der Jungfernsprung in Verbindung mit der Sternberger Tracht

„Der Jungfernsprung" Gemälde im Gasthaus Messnerei in Sternberg
Foto: H. Pucher

Der Wernberger Bernhard Eipper hat den Vorgang rund um die Legende des Jungfernsprunges recherchiert.

Es war Samstag, der 9. Juni 1860, ein wunderschöner warmer Frühsommertag. Die 16-jährige Emma Quender, bei einem Landwirt in Terlach als Magd im Dienst, erhielt den Auftrag, auf dem Großen Sternberg Laub als Zusatzfutter für das Vieh von den Bäumen zu streifen.

Das kräftige Mädchen trug ihr Haar offen und war barfuß. Als Arbeitsgerät nahm sie einen Buckelkorb und einen Rechen mit.

Der staubige Weg auf den großen Sternberg war schmal und führte an dem wuchtigen Pfarrhof vorbei. Möglicherweise traf sie den Pfarrer Johann Lesjak, der sie segnete und ihr freundlich „Grüß Gott" zurief. Am Sternberg angelangt, begann die Magd westlich der Messnerei mit der Arbeit. Dabei übersah sie den Felsabgrund und stürzte mit einem Entsetzensschrei 28 Klafter in die Tiefe. Dichtes Unterholz und Gebüsch milderten den Aufprall, so dass sie den Sturz beinahe unverletzt überlebte.

Die Nachricht von der wundersamen Errettung verbreitete sich in Windeseile. Man fragte sich, ob nicht der Heilige Georg, einer der 14 Nothelfer, segensreich eingegriffen hatte.

Seit jener Zeit wird diese Felswand „Jungfernsprung" genannt.

Die Darstellung des in der Felswand hängengebliebenen Mädchens nahm ein Landkünstler zum Anlass, ein Gemälde anzufertigen, dessen Kopie heute im Gasthaus Messnerei zu bestaunen ist, und das als Unterlage für die Erneuerung der Tracht diente. Es zeigt eine farbenfrohe Gewandung im Stil der Sternberger Tracht, wie sie Dr. Franz Koschier in einem Aufsatz beschrieben hat. Die weiße Bluse mit dem runden Ausschnitt, dessen Abschluss am Hals „Froschgoscherln" zieren und die kurzen, mit Spitzen besetzten Ärmeln fallen dabei besonders auf. Geschickt hat der Maler ein altrosa, herzförmig ausgeschnittenes Leibchen gewählt, dass die Blusenwirkung erst recht erhöht. Der flatternde Rock erscheint in einem dunklen, gemusterten Blau, die weiße, gestreifte Schürze verbindet das Dirndlkleid zu einem harmonischen Ganzen, wie es heute von der Volkstanzgruppe Groß Sternberg-Wernberg getragen wird.

Blick vom Sternberg in das Rosental

Vereine

Die Volkstanzgruppe Groß-Sternberg-Wernberg

Die Idee eine Volkstanzgruppe zu gründen, wurde 1980 von Albert Wautischer aufgefasst. Nachdem sich zahlreiche Jugendliche gemeldet hatten und auch die finanzielle Unterstützung gegeben war, erfolgte im März 1981 die Gründungsversammlung im Gasthaus Pucher in Kaltschach, das in weiterer Folge auch als Probelokal Verwendung gefunden hat.

Ein Mann der ersten Stunde war auch Gottfried Podesser. Der passionierte Harmonikaspieler begleitet bis heute die Tanzgruppe zu all ihren Auftritten im In- und Ausland.

Pflege des Brauchtums stehen im Mittelpunkt dieser in der Sternberger Tracht gekleideten Volkstanzgruppe, die bei vielen Anlässen ihr Können unter Beweis stellt.

Volkstanzgruppe Groß-Sternberg-Wernberg: Von links: Martin Rasom, Margarethe Mendel, Valentin Dobernig, Josephine Dobernig, Rasom Christine, Andreas Dobernig, Dagmar Gaggl, Bettina Selan, Richard Schedina, Gottfried Podesser (Harmonika-Spieler), Gerhard Dobernig und Obfrau Susanne Dobernig

186

Ein orginalgetreuer Nachbau der Kirche von Sternberg, der in unzähligen Arbeitsstunden von den Mitgliedern geschaffen wurde, sowie die Wiedereinführung des Sternberger Kirchtagsladens sind Meilensteine ihrer Aktivitäten. Kulturelle Veranstaltungen, wie die Maibaumfeier oder das Erntedankfest sind Dank ihrer unermüdlichen Arbeit zu einem Fixbestand im geselligen Leben Wernbergs geworden.

Obmänner/Obfrauen seit 1981:

Albert Wautischer, Ulrike Pirker/Pucher, Gerhard Dobernig, Anton Weißt, Gerold Zofall, Susanne Dobernig, Margarethe Mendel, Susanne Dobernig

Sternberger Quintett

Die Gründung erfolgte bereits 1990 als Quartett, dem sich im Laufe der Jahre noch ein 5. Mitglied hinzugesellte.

Seit 1995 tretet die gesellige Männerrunde, unter der Leitung von Dieter Reitz, als Sternberger Quintett auf. Neben dem Kärntnerlied werden auch Darbietungen geistlicher Chorliteratur geboten, welche nicht nur in der Heimatgemeinde, sondern auch bei zahlreichen Arrangements im In- und Ausland große Bewunderung findet.

Zu den großen Erfolgen zählen die Herausgabe einer Musikkassette sowie CD, die bei der Bevölkerung großen Anklang gefunden haben.

Mitglieder: Dieter Reitz, Gerhard Klammer, Klaus Lepuschitz, Hannes Mikl-Petschnig, Christian Petschar

Kirchenchor

72 Jahre und kein bisschen leise. So könnte man wohl Hildegard Ettl bezeichnen, die seit knapp 4 Jahrzehnten die musikalische Umrahmung der Messfeiern gestaltet. Die Organistin und Sängerin bildet den Mittelpunkt des Kirchenchores, der sowohl in Sternberg als auch in Damtschach die Kirchenbesucher mit seinen gesanglichen Darbietungen erfreut.

Im Mai 1930 geboren, entdeckte sie schon im zarten Alter von 8 Jahren ihre Liebe zur Kirchenmusik. Unter dem Organisten Josef Reichmann bis 1956 und danach bei Alois Hribar, wirkte sie im Kirchenchor mit, ehe sie 1963 die Organistenstelle übernahm und dieses Amt bis heute bekleidet.

Mitglieder: Karl Schaller, Franz Schellander, Heinrich Scheriau, Johann Quendler, Anna Schallander, Maria Schellander, Maria Kopeinig, Elfriede Schaar, Ursula Dirnbacher, Josef Haask, Ludmilla Piber und Gerhard Granig.

Bereits verstorben: Josef Anderwald, Stefan Reinwald, Leopold Gatterer, Michael Kordasch, Alois Hribar, Ursula Kutey, Elisabeth Ettl und Johann Dirnbacher.

Kirchenchor   Foto: Hildegard Ettl

Zur
Erinnerung
an
Franz
Aichholzer
★ 1.8.1908 ǵef.am 23.1.1942

Unvergesslich bleibst Du
den Deinen!

Zum Gedenken an unsern
unvergesslichen Sohn u. Bruder
FRANZ OPRIESSNIG
Obergefr. in einem Grenadier-Rgt.
gef im Osten am 3.3.1943
im 28. Lebensjahre.

Der Heimat fern, dem Herzen ewig nah.

Eduard Kogler

Sternbergs Gefallene
der beiden Weltkriege

1914 – 1918 und 1939 – 1945

Florian Käfer geb. am 23. April 1884 beim vlg. Malle wurde am 15. September 1915 für tot erklärt.

Julius Munger geb. 1887 in Tollmain (Slo) war zuletzt wohnhaft beim vlg. Knuttlitz. Gefallen 1917 an der italienischen Front.

Franz Aichholzer geb. am 29. Jänner 1908 beim vlg. Malle. Gefallen am 23. Jänner 1942 in Schukino, östlicher Kriegsschauplatz.

Eduard Kogler zuletzt wohnhaft beim vlg. Stourotz. Gestorben in Chemount Ferrand (Fra)

Willibald Kogler zuletzt wohnhaft beim vlg. Stourotz, gilt als vermisst.

Georg Ritscher geb. 1915 beim vlg. Letternig.

Franz Opriessnig gefallen am 3. März 1943 im 28. Lebensjahr im Osten.

Glockenweihe 1922 in Sternberg

Interessantes aus der Pfarrchronik

1799 beginnt der Schulunterricht im alten Messnerhaus

1849 das Wirtschaftsgebäude (jetzt Stadel) wird gebaut

1852 in Sternberg feiert Hochwürden Josef Dullnig sein Primizopfer

1857 das neue Schulhaus (jetzt Pfarrhaus) wird gebaut

1874 der Marienaltar und die Kanzel werden neu vergoldet

1875 der Blitz schlägt in den Marienaltar ein, ohne die Statue zu beschädigen, diese wird nur geschwärzt

1877 am 5. September sind in Sternberg 200 Firmlinge gezählt worden

1884 das neue Messnerhaus wird errichtet

1895 am 22. Juli werden zwei Frauen vom Blitz tödlich getroffen

1896 die Georgs-Fahne (vorgesehen für drei Träger) und die Ursula-Fahne werden angeschafft

1898 am 4. Juli werden 96 Firmlinge gezählt

1906 am 2. Juni Schneefall (Obsternte fast vernichtet)

1907 am 22. Jänner zeigt die Quecksilbersäule 14 Plusgrade Celsius, Villach und Velden 24 Plusgrade

1908 am Ostersonntag (19.April) misst man in Sternberg 1m Schnee

Glockenweihe 1980 von li. Lohann Reitz, Alois Tschofenig und Johann Kollitsch

Foto: Josef Ulbing

1908 am 29. April kommen zur Firmung 140 Jugendliche

1908 regnet es den ganzen Mai und Juni nicht

1908-1909 verschneit es Sternberg ganz (3m Schnee)

1909 nach langer Trockenheit findet eine gemeinsame Bittprozzession (Lind, Kranzelhofen, Köstenberg und St. Martin) statt, am späten nachmittag regnet es

1914 am 14. Juli feiert Hr. Johann Petritsch von Sand die Primiz. Es regnet in Strömen, während der Feierlichkeiten kommt die Meldung von der Mobilmachung für den Krieg (zwei Tage später bricht der erste Weltkrieg aus)

1917 drei große Glocken müssen abgeliefert werden

1917 von April bis Oktober kein Regen

1921 große Dürre herrscht im ganzen Land

1921 am 24. April schneit es wieder kräftig, 1m

1922 am 9. Juli werden zwei Glocken geweiht

1924 ein richtiges Regenjahr. Von April bis November regnet es zwar nicht durch, aber die Ernte ist zum Großteil vernichtet. 90% der Bienenstöcke gehen ein

1925 bis 13. März fällt kein Schnee, große Wasserknappheit, dazu bricht in Terlach ein Feuer aus und vernichtet das Gut Premischelnig zur Gänze

1930 die Pfarre erhält von P. Rektor Prof. Dr. Rademacher SVJ, Wien, die Reliquie vom Hl. Georg

1934 am 26 Mai vernichtet Hagel und Blitz große Teile der Umgebung. Während einer Maiandacht schlägt der Blitz auch in die Kirche ein, der Pfarrer wird zu Boden geschleudert und bleibt betäubt liegen

1934 Anfang September besucht Kaiserliche Hochheit Erzherzogin Blanka Sternberg

1935 zweite große Dürre des Jh.

1939 die Volksschule in Sternberg wird wegen angeblicher „Baufälligkeit" geschlossen

1945 Sternberg erhält vom Hw. Herrn Petritsch eine Johannesstatue als Geschenk

1945 im Juni wird das Kircheninnere ausgemalt

1954/55 die Kirche wird außen frisch gefärbelt und

1957 auch der Turm

1964 die Orgel wird restauriert

1975 auf tragische Weise beendet Hw. Pfarrer Hensel sein Leben. Man findet ihm einen Tag nach seinem Tod im Pfarrhaus

1979 Anfang September wir das Turmdach fertiggestellt. In der alten Kuppel fand man noch einige Aufzeichnungen und Geld

1980 am 5. Juli Glockenweihe

1980 am 13. Juli Primiz von Hw. Herrn Josef Ulbing

1980 große „kleine" Umbauarbeiten sind im Gang und werden vollendet. Messnerei, Stadel, Schule, Pfarrhaus, sanierte Anlagen, Kirchenstrahlung, Kirchenausstattung

1984 Orgelrestaurierung und Installierung der Alarmanlage. Nach sechs Jahren kehrt das Fastentuch restauriert zurück

1985 große Jubiläumsfeierlichkeiten

1993 1. Sanierung das Friedhofkreuzes durch einen freiwilligen Verehrer von Sternberg, der in Arnoldstein beheimatet ist

1993 die desolate Holzdecke in der Vorhalle wird von der Firma Campidell abgetragen

1994 im Mai wird das Schindeldach der Totenkammer von der Firma Riepl aus Diex erneuert. Das Abtragen des alten Daches erfolgt durch den Pfarrgemeinderat. Der Kunstschmied Durchner aus Villach macht einen neuen Dachspitz für die Totenkammer. Im Sommer beginnt die Freskenfreilegung in der Vorhalle. Bausteine werden für die Kirchenrestaurierung aufgelegt. Die Holzdecke wird im Oktober wieder in der Vorhalle angebracht

Primiz von Josef Ulbing aus Krottendorf 1980 am Sternberg   Foto: Josef Ulbing

1995 der Stiegenaufgang muß abgestützt und gesperrt werden. Zähe Verhandlungen mit der Gemeinde, Bundesdenkmalamt und der Firma Mayreder verzögern den Umbau

1996 der Stiegenaufgang wird in Eigenregie renoviert, ebenso Teile der desolaten Friedhofsmauer und die Totenkammer, die abzustürzen drohte. Für die Firmung wird auch das Erdgeschoß im Pfarrhof total saniert

1997 Außenrenovierung der Kirche durch die Firma Campidell. Restaurierung des Ostergrabes durch die Herrn Peter Scharr und Dieter Seebacher.

Schulklasse aus Damtschach   Leihgabe: Fam. Linde und Eduard Haas

Inschrift in der Vorhalle der Kirche von Sternberg   Foto: A. Wildgruber

Die Seelsorger am Sternberg:

Wenn auch die lange Liste der Seelsorger erst ab 1489 nachvollziehbar ist, so erscheint es uns doch nötig, der Vollständigkeit halber Udalricus de Stermberch zu erwähnen. Die drei Jahreszahlen, deren Rolle in der Kirchengeschichte Sternbergs als fraglich bezeichnet werden, seien trotzdem aufgelistet.

1195 Udalricus de Stermberch, Kaplan des Erzbischofs von Salzburg
1285 ein Pfarrer dessen Name im Liber decimationis nicht genannt ist
1311 wieder ein Pfarrer ohne Namensangabe
1489 Georgius Garspacher, plabanus montis St Georgii de Sternberg
1519 Martinus Starlick, plebanus de Sternberg
1629 bis 1637 Blasius Poßnitsch, Pfarrer
1686 am 29. Juni gestorben Rev. Dom Gregorius
1695 bis 1717 Andreas Pressen, parochus, gest. 23. Mai, 70 Jahre alt
1717 (7. Juni bis 15. September) Christoph Steiner, Provisor
1717 (18. September) bis 1760 (25. Juli) Gregorius Kramer, Pfarrer. Wurde 87 Jahre alt und war 59 Jahre Priester, darunter 42 Jahre am Sternberg. Zeitweise hatte er den Kaplan Urban Kolman als Hilfspriester.

1761 Ignaz Coprivnigg, Provisor

1762 bis 1799 Matthäus Orempegg, Pfarrer; sein Kaplan Valentin Orempegg

1799 (Februar bis Juni) Johann Butolo, Kurat in Damtschach

1799 bis 1827 Andreas Sereinig, Pfarrer, ab 1812 Dechant

1828 Peter Sticker, Provisor

1828 bis 1865 Johann Lesjak, Pfarrer. Gestorben als Pensionist in St. Jakob i. R. am 23. Dezember 1871, 83 Jahre alt.

1865 bis 1891 (3. April) Valentin Link, Pfarrer, geb. in Tainach

1891 bis 1900 (10. Oktober) Valentin Matheuschitz, Pfarrer. Kam dann nach Uggowitz im Kanaltal

1900 bis 1906 Josef Svaton, Pfarrer. Kam dann als Pfarrer nach St. Veit im Jauntal

1906 bis 1911 Ferdinant Lavrinz, Pfarrer. Ging dann nach Krain

1911 bis 1912 (30. Jänner) Josef Ogris, Provisor

1912 (1. Februar) bis 1913 (1. Februar) als Mitprovisor Pfarrer Johann Nagl aus Lind

1913 (1. Februar bis 30. Juni) Matthäus Crepal, Provisor

1913 (1. Oktober) bis 1917 (1. März) Dr. Valentin Mörtl, Pfarrer. Kam dann als Pfarrer nach Keutschach

1917 (1. März bis 28. August) Franz Kovac, Provisor

1917 (28. August) bis 1927 (1. Jänner) Karl Marasek, Pfarrer

1927 (1. Jänner) bis 1929 (15. Oktober) Josef Böhm, Pfarrer

1929 (15. Oktober) bis 1930 (1. Mai) Lukas Oitzinger, Provisor

1930 (1. Mai) bis 1934 (1.November) Ludwig Mairitsch, Pfarrer. Kam dann als Pfarrer nach Grafenstein

1934 bis 1938 Theophil Hensel, Provisor

1938 bis 1939 Karl Marasek

1939 bis 1944 Theophil Hensel, Provisor

1944 bis 1945 Johann Lex

1945 bis 1975 Theophil Hensel Pfarrer

1975 bis 1979 (31. August) Ignaz David

1979 bis 1989 Markus Jernej

1989 bis 1989 (1. September) Anton Zajc

ab 1989 Mag. Josef Markowitz

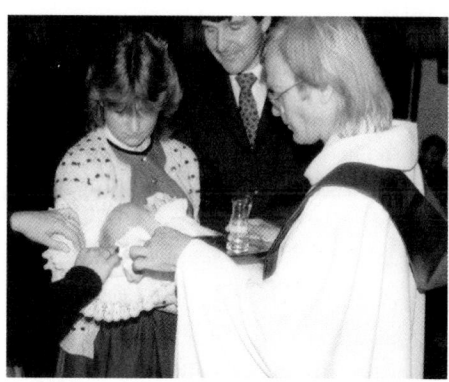

Pfarrer Markus Jernej   Foto: F. Soran

Monumenta Historika

Sternberg 12. Juli 1355

Graf Otto von Ortenburg verleicht Georg weiland Kunsens Sohn ob den Handt ein Gut zu Thumersdorf und eines des Janes by der Traa, welche beide Ulrich von Sebnach aufgesandt hatte.

Sy der Aussteller, Gegeben zu Sternberch nach Chr. Geburt 1355 an sand Margarethentag.

Orig. Ö . S . T . A . 1 Sg- Kop. St. 1 A H G B 1 , p 1112.

14. April 1359

Elspet von Werdenburch, weiland Chumrates des Reynschen Witwe beurkundet, das Graf Otto von Ortenburg und seine Brüder vier Güter ze Lonczach, vier auf dem Frates, eines am Amberg eines zu Weizzenenstein und eines im Moswald eingelöst haben. Hertlein von Werdenburch und Sternberch auf Bitten der Ausstellerin.

Gegeben nach Chr. G. 1359 an den Palmtag

25. Mai 1362

Dietmunt, Hertlein Schwester von Werdenbruch verkauft eine Hube den Gotteshaus set Jacob zu Chestnikh von Cherstorf dem Licht Niclainn den nunmeher zu Oberfeld, Chirchmäister des Gotteshauses und Ruprechten seinen Gesellen und den Pfarrer um 8 Mark Agleier. Sg. Wegen Siegelkranz Nyclaus der Donner und Hermann von Werdenbruch.

Gegeben nach Chr. G. 1362 an sand urbanstag.
Og. ÖSTA. 2 Sg 1 abgefallen

Das Lanskroner Archiv von Georg Khevenhüller Österreichische Urkunden in Schloss Thurnau in Oberfranken. Klagenfurt 1959 Verlag des Geschichtsvereines für Kärnten. Geleitet von Gotbert Moro.

1502 Pfinztag nach S. Ferenzentaf.

Urban zu Weinzierl und Paul Weber, Zechleut der St. Georgenkirche auf St. Georgenberg zu Sternperg, bekennen, daß sie von der St. Georgenkirche, Wiesen zu Fahrendorf gelegen, so vormals ein Huben geweßt und die Hallegkher zu obgedachter Kirch gestiftet haben, den ehbaren Mann Lorenz

196

Gurnikh zu Velden gesessen, gegen den jährlichen Zinns von fünfthalb Pfund Pfennig überlasen damit er und seine Erben diese Wiesen mögen innehaben, nutzen und niessen.

Gegeben zu Millstatt.

1545 V 1 1. May

Urban Ferdinands, römischen Königs, aller und jeder Gülten, Rennten und Zinnß des Pergstalles und Amts zu Sternperg sammt den öden Turm Hohenwart, welches alles an Bernharten Khevenhüller zu Aichelburg, erblichen verkauft werde.

Original Pergament 1 Siegel gut erhalten.

Foto: A. Wildgruber

Zeittafel

1126 erster urkundlicher Nachweis des Pilgrim von Pozzuolo, dieser verschenkte zwischen.

1144/1149 die Burg Hohenwart und die Herrschaft an Herzog Heinrich V von Kärnten.

1170/1180 erste Erwähnung des Hugo et Hainricus de Sternberc.

1238 erste urkundliche Erwähnung der Ortschaft Sternberg.

1278 stirbt der Begründer von Sternberg Graf Ulrich I. Wo er begraben liegt, ist ebensowenig bekannt wie die Anzahl seiner Kinder.

1278 Erste urkundliche Nennung Graf Walter der I von Sternberg als „comes Waltherus". Er ist der Sohn von Graf Ulrich I.

2. April 1329 Graf Walter II verkauft die Herrschaft und Feste an die Grafen von Ortenburg.

1448 erste urkundliche Erwähnung der Gerichtsbarkeit am Sternberg.

24. März 1457 wird der Bömische Feldhauptmann Witowetz, Herr über die Herrschaft Sternberg.

Um den 24 Juni 1457 Zerstörung der Festen Sternberg und Hohenwart.

Sternberger Totenwagen   Foto: Johann Sadjak

24. August 1457 Kaiser Friedrich III. verkauft Amt und Gericht von Köstenberg an Ulrich Khevenhüller.

1461 erste urkundliche Erwähnungen der Watzenig-Hube.

1545 Bernhard Khevenhüller kauft die Herrschaft Sternberg samt Gericht, welche somit Teil der Herrschaft Landskron wird.

Am **24. März 1848** beantragte der Abgeordnete Hans Kudlich aus Schlesien die Abschaffung der Grundabhängigkeit der Huben- und Keuschenbesitzer.

Am **9. September 1848** wird dieser Antrag von Kaiser Ferdinand I. bestätigt.

17. März 1849 aus den Katastralgemeinden Umberg Sand und Trabenig wird die Ortsgemeinde Umberg geschaffen.

1864 Zusammenlegung der Ortsgemeinden Umberg und Wernberg zur Gemeinde Wernberg.

Blick vom Burghügel Richtung Westen   Quelle: Maria Reitz

Epilog

Die Ortschaft Sternberg, welche sich als Streusiedlung ohne Ortskern an den südlichen Abhängen der beiden Kalkstöcke ausbreitet, scheint zumindest die besten Voraussetzungen für einen bereits in der Antike genutzten Siedlungsplatz zu haben. Stehende und fließende Wässer, die gute Fernsicht und die äußerst günstige Sonnenlage laden zum Verweilen ein.

Bei unseren Streifzügen in das die heutigen Wohnstätten umgebende Gelände stießen wir auf noch erhaltene Trockenmauerwerke, die auch bei seriöser Betrachtungsweise durchaus als Schutzmauern mit integrierten Türmen zu interpretieren wären.

Vieles spricht für einen größeren befestigten Siedlungsraum, jedoch bleibt ohne genaue wissenschaftliche Untersuchung, wie Eingangs bereits erwähnt, dieser uralte Siedlungsplatz rein spekulativer Art.

Dank noch erhalten gebliebener Urkunden und Dokumente war es uns möglich, die Tür in das Dunkel der Geschichte zu öffnen und so wenn auch nur einen kleinen Einblick, in die Vergangenheit zu bekommen.

Blick vom grossen Sternberg nach Süden   Foto: A. Wildgruber

Bei dieser Arbeit haben wir das Leben von ca. 1300 Personen im Zeitraffer „miterlebt". Viele von ihnen haben das Kleinkindalter nicht überlebt, und gerade als Elternteil war es für uns oft nachvollziehbar, welch unermessliches Leid nahezu alle Familien erleiden mussten.

Trotz des Versuches, umsichtig zu arbeiten, konnten nicht alle Lücken geschlossen werden. Hier ersuchen wir auch zu berücksichtigen, dass alte Schriften schwer- bzw. unleserlich geworden sind und dadurch Fehlerquellen entstehen können. Auch in der Drucklegung können Fehler nicht ausgeschlossen werden und wir ersuchen daher um Nachsicht, sollten Fehler auftauchen.

Unzählige Forschungsansätze haben sich im Laufe dieser Arbeit ergeben, die möglicherweise den einen oder anderen zu dieser Art der Freizeitbeschäftigung animieren. In diesem Sinne wünschen wir Ihnen frohe Familienforschung.

Ostansicht der Kirche
am Sternberg
Foto: A. Wildgruber

DANKESCHÖN

möchte wir all jenen sagen, die zur Entstehens dieser Publikation wesentlich beigetragen haben. Es sind dies: Der Direktor des Museums der Stadt Villach, Herr Dr. Dieter Neumann, für die Bereitstellung zeitgenössischer Literatur und fachliche Beratung. Den Mitarbeitern des Landesarchiv Kärnten. Den Archivaren des Diözesanarchiv für ihre uneigennützigen Hilfestellungen. Den Mitarbeitern im Grundbuchamt Villach sowie jenen des Gechichtsvereines in Klagenfurt für die Erlaubnis der Einblicknahme in ihre Akten. Herrn Pfarrer Mag. Josef Markowitz möchten wir auf diese Weise unseren Dank übermitteln für die Einblicknahme in Kirchenbücher und die Korrektur der Texte. Unser aufrichtiger Dank richtet sich an Herrn Dr. Werner Wazenig der uns Inhalte seiner Familienchronik zur Verfügung gestellt hat. Herrn Bernhard Eipper, dessen Bericht über die Legende des Jungfernsprunges uns wesentlich weiterhalf. Den Familie Bartos Friedrich, Ettl Hilde, Falle Anna, Fischer Ludwig, Haas Linde, Hippel Maria-Luise, Keuschnig Ingeborg, Krainer Helmut, Mossier Anton, Oitzinger Hans-Peter, Orsini-Rosenberg, Smounig Aloisia und Stefanie, Ulbing Josef, Waldhauser Franz und Zerovnik Walter, aus deren Erzählungen wir unbekannte Details der Bevölkerung Sternbergs erhielten und für die zahlreichen Privatfotos. Überdies trug das freundliche Entgegenkommen des Grundeigentümers Günther Krainer wesentlich zur Erforschung und Bearbeitung des Stollens bei, durch dessen Entdeckung die Geschichte Sternbergs um eine Facette reicher wurde. Herrn Franz Klugmayer, der durch sein Interesse, möglicherweise dem Mosaik der Geschichte Sternbergs eine Ergänzung zuführt. Unser Dank richtet sich vorallem an Herrn Soran Mario für die grafische Gestaltung des Einbandes.

Nicht zuletzt aber gilt unsere ganz besondere Danksagung Herrn Alfred Wildgruber dessen Arbeit in der fotografischen Dokumentation unerlässlich war.

Sternberg

Ederkinder in Sternberg
Foto: Fam. Linde und Eduard Haas

Für besondere Unterstützung möchten wir uns bei nachstehenden Firmen und Personen bedanken:

Fa. CONTRABAU Spittal, Herr Anton Messner

MARKTGEMEINDE VELDEN, Herr Bürgermeister Ferdinand Vouk

ÖBAU MÖSSLER, Herr Mag. Christian Santer

RAIFFEISENBANK WERNBERG, Herr Anneter

RAIFFEISENBANK VELDEN, Herr Dir. Mattl

Quellenverzeichnis

Ungedruckte Quellen:

Chronik von Arnoldstein.
Chronik von Damtschach 1800-1988.
Schulchronik von Sternberg.
Hippel Sternberg / Prassnig Helmut (Fe).

DIÖZESANARCHIV Klagenfurt
Pfarre Sternberg:
Taufbücher von 1736-1959.
Trauungsbücher 1738-1974.
Sterbebücher von 1738-1974.

Pfarre Köstenberg:
Taufbuch Nr. 1 und 2.
Trauungsbuch Nr. 1 und 2.
Sterbebuch ab 1747 Nr. 1 und 1784-1834.

Pfarre St. Martin am Techelsberg:
Sterbebuch 1860

Pfarre Kranzelhofen:
Taufbuch um 1744.
Trauungsbuch 1925.
Sterbebuch Nr. 7 u. 22.

HERRSCHAFT LANDSKRON:
Gerichtsprotocoll 1720.

HERSCHAFT TAMTSCHACH-AICHELBERG Privatarchiv Orsini Rosenberg:
Aichelberg-Damtschach 1825-1841.
Besitzerliste und Riedbeschreibungen 1785.
Ehrungsprotocoll 1678, 1689, 1749, 1779.
Roboth-Register 1679.
Roboth-Register 1826, Baron Felix von Jöchlinger.
Stiftsregister 1743.
Stiftsurbarium von 1691, 1694-1697, 1701, 1721.
Stiftsurbarium 1662, 1666, 1676, 1690.
Urbare und andere Register 1578-1806.

KÄRNTNER LANDESARCHIV Klagenfurt:
Besitzstandsblätter Gemeinde Sand 303.
Bezirksgericht – Villach 213.
Bezirksgericht – Villach Schachteln 70-78 Testamente.

Dietrichsteiner Ehrungsbuch 882, 883, 885, 889.
Dietrichsteiner – Ehrungsprotocoll 886.
Dietrichsteiner Urbar – Landskron 872, 897, 885.
Ehrungsbuch Landskron – Velden 884, 897, 885.
Ehrungsprotocoll 888.
Fideikommisarchiv 873.
Franziszäischer Kataster 1826. Gemeinde Sand.
Gerichtsprotocoll – Velden 882.
Herrschaft Dietrichstein Schachteln 481-489, 92.
Herrschaft – Landskron Umschreib- und Ehrungsprotocoll 108.
Hubenbeschreibungen Schachtel 90.
Josefinischer Kataster 1787, 652.
Kaufrechtsbrief Schachtel 119 und 120.
Landesgerichtsprotocoll Landskron – Velden 1651-1657. 875, 876, 877, 880, 882.
Stiftsregister 1696.
St. Georg Holden – Steuer und Rüstgeld.
St. Georg Kirchenholden 211.
St. Georg – Pfarr-Domitium 203.
St. Georg Stollordnung 1818.
Urbarium Parochiale 1658-1849 478 und 1749-1751.
Urbarium Sternberg 436.
Urkundenbuch Herrschaft Damtschach Nr. 93.
Übergabsurbar über die Freiherrschaft Landskron – Velden 1639 Graf Dietrichstein.
Verkaufsurbar – Landskron 1639.

LANDESARCHIV Steiermark:
Urbar der Herrschaft Wernberg 1629.
MUSEUM Villach:
Burgamt Villach 1838.
Pfarre St. Nikolai Zechent-Register.
Grundbuch Villach E.Z. Sternberg von 16-29.

Werner Watzenig: Familienchronik (Privatarchiv).

2. Gedruckte Quellen und Literatur

Assimov, Issac: 500.000 Jahre Entdeckungen und Erfindungen, Augsburg, 1996.
Clamb, Georg: Burgen und Schlösser in Österreich, B. 1, Wien, 1996.
DEHIO: Kärntner Landesarchiv
Dougal, Dixon/Raymond, I. Bernor: Geologie für Amateure, Köln, 1998.
Görlich, Ernst Josef und Romanik, Felix: Die Geschichte Österreichs, Wien, 1975.
Jahne, Ludwig: Kärntner Burgenführer, Klagenfurt, 1940.
Kahler, Franz: Beobachtungen und Probleme im Thermalgebiet von Warmbad Villach, Neues aus Alt-Villach, Jahrbuch des Stadtmuseums, 1983.

Kienzl, Barbara: Der Villacher Maler Jakob Kazner, sein Hauptwerk, das Sternberger Fastentuch und die Kärntner Malerei um 1600, Neues aus Alt-Villach, Jahrbuch des Stadtmuseums 1989.

Klebel, Ernst: Grundherrschaften um die Stadt Villach, Archiv für vaterländische Geschichte und Topographie, Klagenfurt, 1942.

Kohla, Franz Xaver, Metnitz, Gustaf Adolf, Gotbert, Moro: Kärntner Burgenkunde, Klagenfurt, 1973.

Kopeinig, Peter: Zur Geschichte der Herren vom Grossen Sternberg bei Villach im Mittelalter, Diplomarbeit, Klagenfurt, 1984.

Kugi, Georg: Heimat am Mittagskogel und Faakersee, Klagenfurt, 2002.

Kusch, Heinrich u. Ingrid: Kulthöhlen in Europa, Graz, 2001.

Lesjak, Hans-Peter: Die Geschichte der Häuser und Bauernhöfe in der Marktgemeinde Velden am Wörthersee bis 1828, Klagenfurt, 1999.

Moro Gotbert: Das Landskroner Archiv von Georg Khevenhüller Österreichische Urkunden im Schloss Thurnau in Oberfranken, Verlag des Geschichtsvereines für Kärnten, Klagenfurt, 1959.

Neumann, Dieter: Landskron bei Villach, Klagenfurt, 1994.

Neumann, Wilhelm: Bausteine zur Geschichte Kärntens, Klagenfurt, 1994.

Pinteritsch, Richard: Vassach im Norden von Villach, Villach, 2001.

Pucher, Herwig: Höhlen bei Warmbad Villach, Klagenfurt, 2001.

Reuer, Egon und Susanne Fabrizii Reuer: Neues aus Alt-Villach, 34. Jahrbuch des Stadtmuseums, Villach, 1997.

Samitz, Alois: Berichte Landskron, Villach, 1996.

Singer, Stephan: Kultur und Kirchengeschichte des oberen Rosentales, Kappl, 1935.

Wutte, Martin: Archiv f. Vaterländische Geschichte und Topographie 20/21 Jahrgang, Klagenfurt, 1912.

Viertler, Johann: Aufdeckung und Untersuchung einer Trinkwasserversorgungsanlage der Burg Hohenwart, Die Kärntner Landsmannschaft, Heft 10, S. 55-56, 1979.

Wecken, Friedrich: Taschenbuch für Familiengeschichtsforschung, Leipzig, 1937.

Wiesflecker, Peter: Wernberger Gemeindechronik, Klagenfurt, 2001.

Wiessner, Hermann: Burgen und Schlösser in Kärnten, Wien, 1986.

Mei Hamatle Wernberg

Steh ob´m in Sternberg,
schau åbe übern Ran,
sein Dörflan schean unt´n,
nit groß und nit klan,
in der Mitt´n vom Dörflan,
stehn Kirchlan schean drinn,
i bin jå so stolz,
dås i då daham bin.

Beim Sternberger Kirchlan,
ist richtig lei schean,
ist lei a klans Rückle,
recht stückla zan geahn,
siehgst ålls so saubar,
bis eine in die Stådt,
es ist schon a Freud,
wånn ma so wås scheans håt.

Im Wernberger Schloßpark
steahn Gånz ålte Bam,
a eiskålte Quellen
sprudelt mittn im Ran.
Dånk i dem Herrgott wås er
mir håt geben dåß i gråd
då in dem Landlan derf leben.

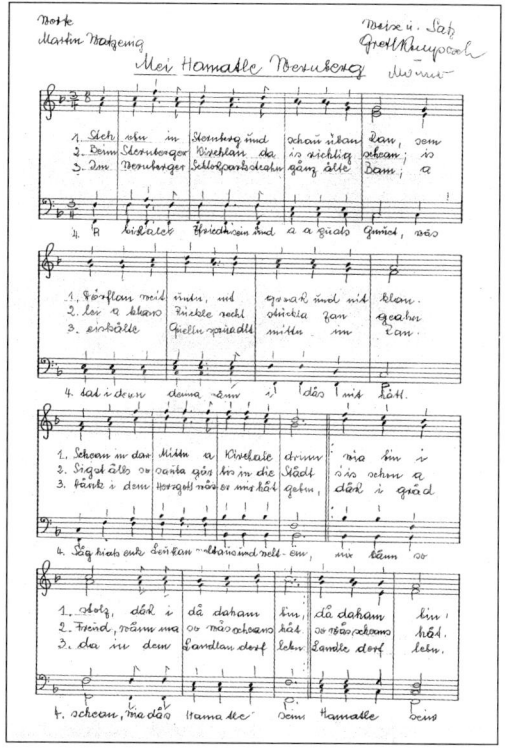

„Mei Hamatle Wernberg" vertont auf Anregung der Frauentrachtengruppe Wernberg '95
Worte: Martin Watzenig
Satz u. Weise: Gretl Komposch

A bißale zfrieden sein und a a guats Gmüat wås
Tat i denn denna wånn i dås nit hätt.
Såg hiatz enk leitlan weltaus und weltein nix kånn so
Schean wie dås Hamatle sein.

M. Watzenig

Namenregister Sternberg

A

Aichelberg Josef	93
Aichholzer Aloisia	85, 86
Aichholzer Anna	84
Aichholzer Anton	86
Aichholzer Blasius	84, 85
Aichholzer Egydie-Stefanie	85
Aichholzer Emilie-Angelika	85
Aichholzer Franz	84, 85
Aichholzer Gertrud	86
Aichholzer Ingeborg	86
Aichholzer Johann	84, 85
Aichholzer Katharina	85
Aichholzer Leopold	85, 86
Aichholzer Magdalena	85
Aichholzer Maria	84, 85
Aichholzer Pauline	85
Aichholzer Rosalia	85, 86
Aichholzer Simon	84, 85, 86
Aichholzer Stefanie	85, 86
Aichholzer Ursula	86
Aichwald Josef	84
Aichwald Maria	83, 84
Anderwald Johann	115, 117
Anderwald Josef	91
Andritz Theresia	73
Angerer Agnes	161
Angerer Gertraud	161
Angerer Johann	72, 161
Angerer Karl	148
Angerer Maria	148
Angerer Sebastian	148
Arnold Franziska	122
Aschgan Apollonia	125

B

Bachmann Anna	109
Bachmann Christianus	109
Bartos Franz	121
Bartos Friedrich	122
Bartos Heinz-Franz	122
Bartos Josef	121, 122
Bauer Eta	109
Bauer Jakob	109
Baumgartner Agnes	72
Baumgartner Alois	150
Baumgartner Barbara	131
Baumgartner Barthl	146
Baumgartner Blasius	156
Baumgartner Elisabeth	130, 131, 138,144
Baumgartner Katharina	75
Baumgartner Lucas	144
Baumgartner Magdalena	131
Baumgartner Maria	144
Baumgartner Ursula	71, 72
Berger Magdalena	119
Biersack	162
Böcheim Maria	77
Bramer Ulrich	83
Brandtner Anna	120
Brettner Katharina	110
Brunner Anton	153
Brunner Barbara	154
Brunner Josef	153
Brunner Katharina	152
Brunner Margarethe	153
Brunner Maria-Magdalena	152
Brunner Stephan	154
Buchner Johann	136
Buchwalder Oswald	97, 156
Bugelnig Peter	121
Bürger Agneti (Agnes)	71
Bürger Georg	151
Bürger Magdalena	152
Bürger Mathias	112
Bürger Rupert	73
Burgstaller Mathias	148
Butalo Johann	90
Buttolo Maria	125

C

Cappelaro Alois	79
Christanig Hannß	151
Christanig Peter	151

D

Dalmatiner Simon	75
Dermautz Thomas	74, 152, 154
Dermauz Magdalena	153, 154
Dirnbacher Anna	116, 117
Dirnbacher Blasius	116
Dirnbacher Hedwig	116
Dirnbacher Ignaz	116
Dirnbacher Johann	115, 116, 117
Dirnbacher Johanna	116